存真四百年

传奇世家至纯本色　百年手工酿造真味

胡晓梅◎著

CNS　湖南文艺出版社　HUNAN LITERATURE AND ART PUBLISHING HOUSE　博集天卷 CS-BOOKY

一场风云传说，穿越四百三十余年

一段跌宕酒路，走过二十三代传人

解密中国最古老的酿酒世家

揭开四百年时光打磨的品牌真相

四百三十余年，留下的不仅是历史

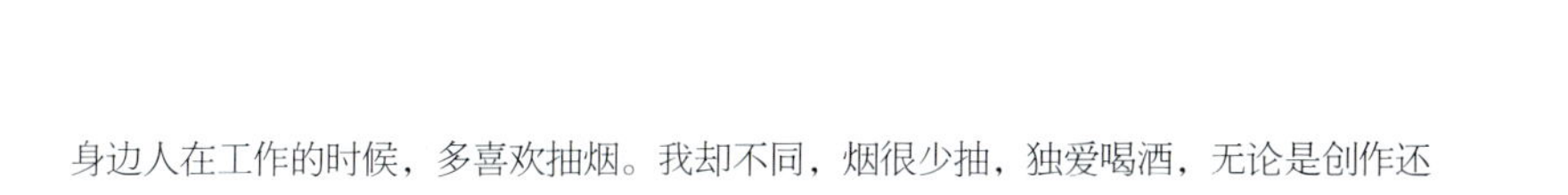

滴酒一世界

存真四百年

身边人在工作的时候，多喜欢抽烟。我却不同，烟很少抽，独爱喝酒，无论是创作还是做其他工作时，喝上两杯，便觉得笔下有了灵感，思维也随之灵活了起来。

如今喝酒许多年，国内的、国外的、酱香的、清香的都喝过，口感回味不尽相同，各有特色。对我而言，只要是好酒，其实并无三六九等之分。有分别的，反而是喝酒的状态——那种彼此明明不熟，为了应酬不得不勾肩搭背称兄道弟，在酒桌上狂喝下来狂吐的，为下等喝法。

存了一坛好酒，寻摸个清闲时光，自己在家开了封，独酌几杯的，为中等喝法。

而在我看来，最上等的喝法，则是当自己还很小的时候，看着大人不时提着两瓶酒放在桌上，两三个人一边嚼着花生、豆干之类小菜，一边举杯呷上两口，煞是惬意。尽管当时那酒才几块钱，比不得如今动辄上千一瓶的价格，但其悠然自得，人人可以享受的感觉，却是千金不换的。因为这才是人最真实、最放松、最传统的喝酒状态。

也许我本身就是一个怀旧的人，也许是采访考古人员多了，田野调查方面的工作做得久了，对传统的东西从来都很感兴趣，总觉得酒这个东西，也是越传统，才越有味道。那些从先进的流水线、高科技的酿造机械中出来的酒，多了科技的感觉，却少了传统的韵味，恰恰我觉得这部分少掉的东西，才是酒的灵魂。所以，能在这本《存真四百年》里看到泸州老窖这份对传统的坚持，让我觉得弥足珍贵，也从内心生出一份感动。

如今接触白酒这么多年，虽谈不上懂酒，可对于“千年老窖万年糟”的说法早有耳闻，也知道酒是活物，越陈越香。酿酒技艺、酿酒的工具同样如此，越是传统的技法，越是能酿造出最原汁原味的白酒文化。所谓白酒的文化，绝不局限于品酒本身，而是一种对生活的感受和领悟。

佛说：一花一世界。

这句话套在酒中，称其为“滴酒一世界”，也未尝不可——酒如人生，人生如酒。喝酒需要把握分寸，做人亦然。

喝酒最好是邀上知己好友，坐在一起谈天说地、畅然对饮，生活同样离不开真朋友的扶持与提点……

一滴好酒，你若只是一口灌下，除了苦涩之外再无体会；而如果能让其自由地在舌尖化开，方能觉得其中滋味似乎五味俱全，妙不可言。这正如人生，看似平淡，却始终被酸甜苦辣咸充盈着。若你封闭了自己的感觉，日子便在麻木中一天天过去；而若是你能敞开心去体验所有快乐与不悦，生命这才显得缤纷珍贵。

中华考古文学协会副会长、著名考古纪实文学作家、《南渡北归》作者。

國窖
1573
THE FIRST CELLAR IN CHINA

初秋，一个还带着夏日余温的清晨。淡淡的雾气散去，拨云见天，阳光重返大地。

火红的高粱地里，到处都是一番忙碌的景象。一个皮肤黝黑，穿着迷彩短袖的中年汉子却没急着收割，他将草帽取下，搭在身边的石头上，随手抓起一把高粱穗放在手心静静地观察。色泽、颗粒饱满程度都没问题，穗长也足够成为周围几家农户里的佼佼者。剥开一颗，放进嘴里细细咀嚼，微甜的口感夹着高粱特有的香味顿时流淌在整个唇齿之间。

这汉子姓王，祖辈都在这里耕种。到了老王这一代，也曾跟同乡外出打过几年工。但在外打工挣钱不易，而且年龄越大，老王越觉得还是家乡最好，于是便决定不再出去。恰逢泸州兴起种植有机高粱的热潮，凭着自己祖传的种植技术和经当地农科所培训的科学种植方法，他的高粱年年都能成为最好的酿酒原料。如今一年的收入，比外出打工两三年赚得都多。

嚼着嘴里甘香的糯红高粱，老王脸上原本存在的沟壑因为笑容变得更深。在他眼里，红艳艳闪着点点金光的高粱宛若待嫁的女儿，弯着腰，脸上一抹霞红，千娇百媚，心中满含憧憬，略带忐忑。他预感到，一段传世佳缘便在眼前。

迎接她的，是凤凰山下千年来不断亦不语的龙泉井水。它们一直默默地滋养着黄泥窖池，以特有的弱酸性水质，助数以亿万计的微生物与糯红高粱发酵一臂之力，暗暗生香。

陪伴她的，是幽暗寂静的制曲房里自然发酵而成的麦香酒曲。

最后张开温暖臂膀环抱她的，是源自明代，蕴涵着各种奇妙微生物的酿酒泥窖。泥窖的窖泥已然被时

摄影◎刘英毅

间和微生物的新陈代谢积淀成了油亮的黑色，若捧一把窖泥在阳光下，它映射出的却是如同彩虹一般的五色斑斓。

蒸熟后的糯红高粱，携着散发麦香的酒曲，汲取了清洌甘甜的龙泉井水，义无反顾地沉睡在了那已经拥有几百年生命的老窖池中。凭着那一抹芳心暗许的情怀，缓缓在岁月长河中发酵，在日日夜夜中涅槃，等待蜕变，期许着盛大绽放的那一天……

假以时日，那晶莹剔透、溢着浓浓香气的原浆酒，便将从持续使用三百余年的青条石甑中源源不断地流淌出来。

四百多年以来，这个中国最古老的酿酒圣地一直都坚持传承着这样的酿酒之路，尽管在酿酒之“术”上不断改革，却始终谦卑而

恭敬地遵循着酿酒之“道”。

酒是有生命的，跟人无异——刚酿出的原浆分头、中、尾三段。头段刚猛有余，好比入世不久的年轻人，香味不足，底蕴不够；尾段则像垂垂老者，虽老骥伏枥，却少了精气神；只有中段的酒液才是精华之所在，犹如羽扇纶巾、挥洒才情、指点江山的中流砥柱，精英人士。

然而，少了宁静致远、淡泊明志的内心修炼，再早慧的精英，也乏有江湖历练，并将最终阻碍其修成正果。

这时，泸州当地的天然山洞便成了原浆晋级为佳酿所必备的修炼场所。至刚至阳的原浆酒在至阴至纯的山洞里“韬光养晦”。阴阳便在这里完美地诠释了天道的平衡。

天然密洞内，在纯手工制作的陶坛中吞吐吸纳的“原浆酒”，吸收了日月之精华，经历了岁月的积淀，逐渐褪去了烈性，愈发醇厚。

窖藏多年的酒，在“闭关修炼”后，脱胎换骨，宛若坠入人间的仙界精灵。她有着袭人的香气，瞬间就能征服你的嗅觉，让你情不自禁地追随她的足迹，好比在暗夜中追逐唯一的星光。

牵起她的手，迫不及待地小酌一杯，顿时满口生香，既有糯红高粱的甜美，也有龙泉井水的清洌，更有天然泥土孕育的质感，还有你无法用语言描述，来自悠远岁月的复杂味道，在舌尖上徐徐绽放……不知不觉，滑过了喉间，精灵已经跳跃着走远了，只留下你欲罢不能的向往。

透明无华的一杯泸酒，看似简单朴实，实则蕴涵丰富，超越最初的感官体验，需要同样具有非凡体验的你，才能感受到其深刻与不俗。

凡集大成者，历经沉浮，洗尽铅华，返璞归真。

每一滴泸酒，都是源自大自然的馈赠，其中既蕴含有珍贵的物华天宝，也有传承了几百年优良基因的微生物，更有对酿酒孜孜以求的泸酒人的坚持与不懈。

这是来自天、地、人的完美结合，个中滋味尽在不言中。只有你喝到了这杯酒，通过细细品味，才能最深切地体会到这一切。在最美的时光中，邂逅了一个精灵，感受其在舌尖上的舞蹈，灵动兮，优雅兮，飘飘袅袅，沉醉其中，浑然忘我。

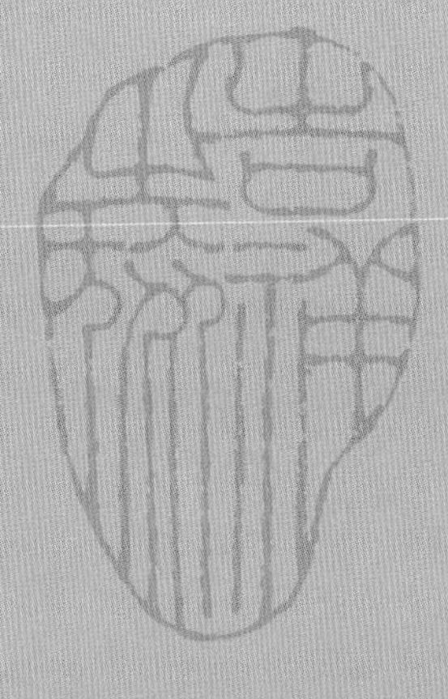

—第一章—

物华天宝 国窖天赐

WU HUA TIAN BAO GUO JIAO TIAN CI

※所谓风土

法国葡萄酒的风土条件包含有土壤、气候、地质和地形的因素，而中国白酒对风土的内涵要求则更为精细、苛刻。

按照现代人绿色环保的理念，中国白酒的酿造，以老窖为佳，可谓最节能环保，愈久愈珍贵。

Terroir

所谓“Terroir”，大意是指风土。但在酒的世界中，“Terroir”又不能狭义地作此定义。其实，我更愿意把它称为酒的“故乡魂”。

对西方的葡萄酒而言，品鉴酒体好坏的关键在于其中蕴含的“Terroir”。然而，绝大多数人并不知道在品鉴中国白酒的时候，需更注重“Terroir”。比如酱香型的茅台产于赤水河畔，清香型的汾酒产于山西，浓香型的泸州老窖产于泸州……不同的地理环境造就的风土条件，决定在当地适宜种植的酿酒作物，不同的原料及与其匹配的工艺酿造出了不同风格的白酒。

古人云：橘生淮南则为橘，生于淮北则为枳。这句话就总结出了风土对于作物的影响，在中国白酒的酿造上这种影响尤为深远。

改革开放初期，曾有日本的酿酒专家来泸州老窖“取经”，在品尝了泸州老窖的美酒后，日本酿酒专家深深为之着迷，决心要把泸州老窖的技术全部学到手，带到日

【北纬28度的酒城泸州，长沱两江汇流之处】

摄影◎周永叙

本国内，酿造这等美酒。

带领日本专家参观学习的工作人员，发现这些专家有个奇怪的举动——每次参观完酿酒窖池，离开酒厂的时候，都小心翼翼地换下刚才进厂时穿着的鞋……工作人员猜测可能是日本人一种爱干净的习惯吧，便没有在意。后来才知道，原来日本人以为泸州老窖酒厂窖池边的那些挂在鞋底的泥巴，是老窖窖池酿酒的“核心机密”，便想方设法地带回日本，进行科研攻关，以为只要掌握了泥巴的成分，就可以制造出完全一样的发酵环境，酿造纯正泸型酒。学习了泸州老窖酿酒技艺的日本人信心满满地在日本当地修建窖池，种植糯红高粱，以酿造大曲酒，怎料，一旦离开了当地的水土，就算是同样的酿酒工艺，就算有“核心机密”，也根本无法酿造出泸州老窖。

日本人的拿来精神以及科研力量的确很强，他们可以仿照苏格兰威士忌，酿造出山崎威士忌，仿照欧洲葡萄酒，在池田酿造葡萄酒……但无论怎样绞尽脑汁，就是没有复制出中国的泸州老窖。因为泸型酒需要的风土因素远比威士忌、葡萄酒要复杂，更难以复制，所以时至今日，他们依旧没有成功。

其实泸州老窖的研发团队自己也曾做过类似实验，在泸州之外，使用来自泸州当地糯红高粱的种子，种植用于酿造国窖1573的糯红高粱。等到高粱成熟后，返回老窖进行酿酒，其品质却不能尽如人意，最多形似，与神似相去甚远，同样是风土使然。

正如全世界范围内都在广泛种植Pinot Noir和Chardonnay，但只有法国勃艮第的

风土最适合这两种葡萄的生长，所以那里酿造出的葡萄酒被奉为经典。

同样是用高粱这种作物来酿酒，北方的粳高粱与泸州特有的糯红高粱在酿出的酒质上具有天壤之别。北方的高粱酒，反应了北方的风土，粗犷而豪放；而身在川南的泸州老窖酿出的国窖1573则反映了当地的风土——秀气柔美，口感绵软馥郁，精致于细节。而仅有粮食的相同，也无法酿造出品质完全一样的好酒。尽管泸州当地产的糯红高粱亦被其他地方的酒厂所使用，但是要产出国窖1573这种经典浓香型白酒，非结合当地特有的酿造技艺与酿酒条件不可。这就像即便给了你劳斯莱斯的所有配件与工具，你也组装不出豪车一样。原料、技艺、明代老窖，还有两千余年酿酒历史的传承，少了其中任何一样，产出的酒都不能称之为泸型酒，不能成为国窖1573。

可以说“Terroir”决定了酒的全部。借用一句广告词，那便是一直被模仿，从未被超越——经典，无法复制。

中国白酒的Terroir

酿酒行业中有句话叫做“曲乃酒之骨”。

这里所谓的“曲”， 是指酒曲。中国白酒酿制不同于洋酒酿制的最大特色，就是制曲酿酒。

在中国白酒的酿造过程中，粮食中的淀粉通过酒曲进行发酵，在糖化的同时酒化，最终酿造成酒。相对于洋酒的酿造，中国白酒多出的一道复杂技艺便在于制曲。在我国的白酒生产技术中，制曲技术、复式糖化发酵工艺和甑桶蒸馏技术在世界各种蒸馏酒中可说是独具一格。

白酒的酒曲也源自自然，是靠小麦、大麦，或者豌豆等不同的粮食来制作的。不同的粮食，制作方法不同，就会形成不同的曲药，酿制出不同的酒。浓香型大曲酒的制曲过程是将小麦按照一定工艺压制成曲胚，然后放在条件特定的环境下天然发酵而成。

【Terroir】

Terroir一词，来源于法语，是指影响葡萄生长的各种地理、气候、地质和土壤的风土条件。风土决定着用于酿造葡萄酒的原料——葡萄，是否长势良好，是否能够发挥其个性。风土一旦变化，同样的葡萄品种，很可能产出风格迥异的葡萄酒。而中国的白酒，很长一段时间内，没有人提出“风土”这个观点，但这并不代表中国的白酒乃至酒类没有风土条件的影响。每个地方的气候导致了种植酿酒作物的差异，而酿酒作物的质量至关重要地影响着酒的风貌与品质。

摄影◎木头

【高粱已熟】

【泸州特产的泸型酒制曲原料——软质小麦】

【酒曲】

酿酒加酒曲，是因为酒曲上生长有大量的微生物，还有微生物所分泌的酶（淀粉酶、糖化酶和蛋白酶等），酶具有生物催化作用，可以加速将谷物中的淀粉、蛋白质等转变成糖、氨基酸。糖分在酵母菌的酶的作用下，分解成乙醇，即酒精。用小麦制作的曲药中也含有许多这样的酶，其具有糖化作用，可以将曲药本身中的淀粉转变成糖分，在酵母菌的作用下再转变成乙醇。同时，酒曲本身含有淀粉和蛋白质等，也是酿酒原料。

葡萄酒中的非果味的增香（烟熏味、雪茄味、咖啡味、烤面包味等），多数情况下是靠橡木桶后天的“粉饰”，而中国白酒的发酵生香，并不依赖橡木桶之类容器的后天作用，而是从土地、泥土、泉水中摄取各种精华，利用来自酒曲等发酵源的微生物，让酒的香味伴随天然发酵的过程不断升华，所以酒有窖香、粮香等不同风格产生。你品鉴到的每一滴酒液都是最醇香的自然之味，这些源于天地的精华会毫无负担地和你的身体融为一体，浑然天成，令品酒者的身心为之一畅。

除了酒曲的好坏会制约白酒的品质外，中国白酒的Terroir中还不可或缺“水”的因素——这正应了酿酒业的另一句古训：“水乃酒之血”。

赤水河两边，高山深涧中的井水养成了酱香双妹：茅台和郎酒；

山西杏花村的“古井亭”井水孕育了汾酒；

安徽投戟古井，成就了古井贡酒；

泸州的龙泉井水，滋养着泸型酒，与四百年老窖珠联璧合催生了国窖1573……

欧阳修在《醉翁亭记》中所言甚妙："酿泉为酒，泉香而酒冽。"

可以说，在中国白酒史上，名泉与佳酿永远是分不开的。

白酒的酿造为什么离不开泉水、井水？

原理其实很简单——泉水和井水富含多种矿物质，有很好的溶解性，可以溶解粮食中的蛋白质，萃取出更多的芳香物质。有了名泉的催化，方能让白酒的醇香发挥到极致。

据说，古人建造窖池，往往要择良泉而筑，如果当地没有水质适合的良泉，那么此地无论如何物产丰饶，也与美酒无缘。

也有人说，良泉与美酒是相辅相成的，有良泉则有美酒，而美酒则会成就良泉的美名。比如在生产好酒的地方，往往流传着各种美妙的传说或神话，而且多与酿酒的水有关。它们承载着当地人民的美好希望，白酒在良泉的滋养下，也被赋予了更多的精神追求。

其实，是良泉成就了佳酿，还是佳酿成就了良泉，这个问题跟先有鸡还是先有蛋一样，已没了考究的必要。但可以肯定的是，良泉于美酒，在中国白酒中，确实是一个特别的Terroir。

我们都知道，法国红酒对于风土的要求极为严格，事实上中国白酒对风土的内涵要求则更为精细、苛刻。不仅要有当地的土壤、气候、地质和地形的因素，当地的水资源、酒曲所需的环境，甚至是传承了数代的各种微生物的生长也不可或缺。

正如西方油画讲究的是风景的还原真实性，而中国国画追求的是意境一般，西方的酒是可以通过控制酿酒工艺的细节而精确量化的，而制约中国上等佳酿的诸多复杂因素，是很难进行人为控制的，只有严谨地传承古法，遵循自然之道。

国窖1573的Terroir

"曲乃酒之骨，粮乃酒之肉，水乃酒之血，窖乃酒之魂。"

一杯真正的好酒背后，往往蕴藏着一个庞大的天然宝藏。可以说，酿酒环节的任何一处，国窖1573都无不显示出它的贵族血统：

原料——当地特有的自古就用于酿造高端白酒的糯红高粱；

酿造环境——四季温润的气候酝酿的复杂微生物系统；

摄影◎姬东

【明代老窖】

国窖1573特有的Terroir——酒“魂”之所在。

水源——源源不断汩汩流淌久远的龙泉井水；

藏酒之所——天造地设为酒陈酿的天然藏酒洞……

当然，还有不可或缺的酿酒技艺，这传承了二十三代从未间断的酒路，造就了酿酒世家的传奇。这一切都让不计其数的帝王将相、风流才子、民间大众对它一往情深。

泸酒为佳酿，已然无可争议。然而国窖1573能被称之为“酒之贵族”，绝对有更深层的内涵。

泸州自古便是川南重镇，是“西南会要”，更是川黔“中国白酒金三角”的腹地。独特的风土下，出产品质上佳的好酒不足为奇。但是作为泸酒中的瑰宝，国窖1573所特有的Terroir——四百年传承不断、酿造至今的明代老窖，最终使得它绽放出了摄人心魄的迷人光芒。

《秋声赋》中有云：“草木无情，有时飘零；人为动物，唯物之灵。”

人之所以能称其为人，除去其基本的动物属性外，人之灵魂才是永恒的存在。

国窖的“魂”正是传承了四百三十余年的明代老窖。

历经四百多年后还能使用的物品本就不多，能历久弥新的更是屈指可数，而老窖却属于其间越用越好用的“极品”，这实在是古人赐给我们最好的礼物了。而且按照现代人环保的理念来看，这种以老窖为佳的工艺，又达到了节能环保的要求，可以说是愈久愈显其珍贵。国家文物局古建筑专家组组长罗哲文教授在见到泸州老窖窖池的时候，不禁评道：“今天发现了一样设备，别的设备是越老越没用，唯有这样设备越老越好，那就是这些四百年的老窖池。它虽然不如庞大的古建筑群，也没有繁复的精雕细刻或是奇巧的工程技术，但它却继承了几千年来酿酒工艺的精华和奇妙的酿造技巧，它具有了古建筑的工艺、生物的培育工程、科学技术的精华、深厚的文化艺术内涵，包括了文物的历史、科学、艺术三大价值的内容。”

泸州的当地风土决定了糯红高粱的生长；独特的温润环境决定了制曲的好坏；龙泉井水的存在成就了泸酒最大限度的甘美；代代传承的明代老窖给予了国窖1573出尘脱俗的气质。无怪乎联合国粮农组织的专家前来考察时得出了这样的定论：“在地球

【中国白酒金三角】

中国17大国家名酒在川黔地区分布最为密集，在此地理坐标区域沿线产生了泸州老窖、贵州茅台、古蔺郎酒等天作佳酿，这一地带也被业内人士称为“中国白酒金三角”。

同纬度上，只有沿长江两岸的泸州（老窖）才能酿造出纯正的浓香型白酒。”

※天时地利人和

“天时、地利”是可遇而不可求的，是人为不可控的；而“人和”的最终实现，则仰仗于酿酒人与品酒人之间所达成的默契。从某种意义上说，“人和”不仅是人与天地的“和”，更是人与人之间的“和谐”。

酒是来自上天的恩赐，任何一个地区所产的酒的品质，不仅离不开老天的眷顾、风土的制约、酿酒人的艰辛付出，更少不了喝酒之人的认可。

“天时、地利”是可遇而不可求的，是人为不可控的；而“人和”的最终实现，则仰仗于酿酒人与品酒人之间所达成的默契。从某种意义上说，“人和”不仅是人与天地的“和”，更是人与人之间的“和谐”。

泸州是浓香型大曲酒的发源地，它在酒界的地位不亚于波尔多之于葡萄酒。老窖酒从诞生开始，几百年来都代表着浓香型大曲酒，可以说无人不知，无人不晓。浓香型大曲酒又有一个别称叫做泸型酒，也正是因为如此，这种美酒佳酿，一直骄享着来自英雄豪杰的偏爱。

关于泸型酒，有这么一则故事：

1872年，在泸州酒坊林立的古营沟头不远处，沿长江而下的铜码头旁停靠了一艘官船，船头一位身着官服的中年男子时而捻须，时而眺望，眉宇间略有焦急不耐之色。

【酒城之由来】

泸酒，始于秦汉，兴于唐宋，盛于明清。

酒为粮食精，所以酒业的兴盛发达离不开粮食的生产基础，人们正常的生产生活及种植粮食的根基又取决于政治大背景的稳定。然而，泸酒作为白酒中的奇葩，却能在时局不稳的情况下，独树一帜，独领风骚，不能不说是一个奇迹。

1915年，多事之秋，风云莫测。也就是在这一年，泸州老窖特曲酒在美国旧金山举办的“1915年巴拿马——太平洋国际博览会”（The 1915 Panama Pacific International Exposition）即万国博览会上问鼎金奖。

这是中国产品第一次走上世界级领奖台，让世界认识了中国的浓香型白酒。

随后的1916年，当时任护国军十三混成旅旅长兼泸州城防司令的朱德随蔡锷起兵，由云南入川讨袁，驻防泸州，这一驻就是五年。

戎马之余，朱德邀请泸州名人温筱泉、艾承庥等29人结成“振华诗社”，衔觞赋诗，宣传革命。

1916年除夕，朱德在一首诗中写道：“护国军兴事变迁，烽烟交警振阛阓；酒城幸保身无恙，检点机韬又一年。”至此，泸州有了“酒城”的美名。

摄影◎胡大田

【国窖1573定制酒】

作为中国白酒超高端品牌代表的国窖1573，在行业内第一家推出高端白酒个性化定制酒品：从有机高粱、酿造窖池、酿酒大师、藏酒洞到个性化包装等各个环节接受高端消费者定制。诺贝尔经济学奖获得者威廉姆森、国画大师晏济元、名学者钱文忠、巴蜀鬼才魏明伦、经济学家郎咸平、名作家麦家、导演何平、凤凰卫视名嘴杨锦麟等多位各界名人均收藏了国窖1573定制酒。

摄影©木头

【国窖1573】

国窖1573是泸州老窖公司的形象产品，其名源于建造于明朝万历年间（即公元1573年）的“1573国宝窖池群”，其酒均产自百年以上的老窖池，采用蒸馏酒酿造工艺，酒质无色透明、窖香优雅、绵甜爽净、柔和协调、尾净香长，风格经典。包装基座以金色五星蕙芷为装饰，呈现传统玉玺造型，外盒由大面积国旗正红为铺陈，酒瓶采用德国水晶玻璃烧制，瓶身与外盒有象征国土面积的五星960颗，“1573”字样以纯金压边。2002年获国家原产地标准质量认证。

晌午时分，从岸上那望不到头的深深巷道里，闪出了一个人影，他跑得很快，也很稳，怀里似乎还抱着一件东西。站在船头眺望的中年人眉头略微一展，怀抱着东西的人加快了脚步，微微喘着气，稳步踏上船头，半蹲下来，小心翼翼把怀里的东西轻轻放在中年人的面前。这时看得真切了，他怀抱之物原来是一小坛印着“温”字的酒。

中年人抬了抬眉毛，话到嘴边，还未开口，抱酒的仆人却抢先道：“老爷别忙着教训我，您先尝尝这酒。”随之酒坛上的封口被揭开，中年人的鼻息不自觉地抽动，他下意识地举起了酒坛，猛地喝了一口，惊讶道：“这酒是……”仆人赶紧接口：“老爷着小的去那酒巷买酒，小的下了船就找当地人打听，得知这条酒巷子头酿酒最好的是转弯弯、倒拐拐、最尾尾的那家温永盛老窖酒坊酿出的大曲酒，小的一路问过去，好不容易找到，又排了半天的队才买到这一坛酒，所以迟了，让老爷久等。”中年人听罢，再喝了一口，笑道：“却是酒好不怕巷子深，老窖大曲醉世人啊。”

此中年人正是当时出任四川学政的洋务运动代表人物——张之洞。至此，“酒好不怕巷子深”这段赞誉泸州大曲酒的佳话便不胫而走。

大美无言，好的东西面前，人人都会由衷地心生赞叹，区别只在于有的赞美曼妙动人，有的赞美直接纯朴。但凡是好酒，无论喝酒的人是权贵或是黎民，也不管酒的价格是高是低，都有其广泛的受众。最是文人骚客，微醺后会纵情挥洒风流才情，下里巴人则能感叹“好酒！”、“够味儿！”如此，便已至境界。

老窖酒的盛名远扬并非偶然。其中既有泸酒人对于天时地利的感恩，不会白白浪费这天赐的“良缘”——独特的风土与糯红高粱的结缘；小麦发酵的微生物与温润气候的结缘；老窖窖池与龙泉井水的结缘……也有泸酒人对饮酒、品酒之人的尊重。正是有着这份对饮酒、品酒之人的“味蕾”、“身体”、“精神”的多层面的尊重，才有为了改进酒体燥辣而不断完善的制曲工艺；也才有了明代窖池群的老窖活色生香，使得酒体在自然环境下发酵得更为醇香，对人体更为有益；更有了符合现代人追求独特个性的国窖1573定制酒。

罗纳河谷的9位教皇化悲愤与无奈为酿酒的动力，终于成就了教皇新堡酒的辉煌。

美国纳帕谷的酿酒师，孜孜以求多年，终于在1976年的盲品中撼动了法国顶级酒庄不可动摇的地位，传为佳话。

泸州老窖，历经数百年的风雨洗礼，也曾遇到生死存亡关头，如今厚积薄发，终于成就了中国浓香型白酒的翘楚地位。

【巴拿马太平洋万国博览会金奖奖牌】

奖牌由约翰·福兰纳干(John Flanagan)设计，费城(Philadelphia)造币厂制作的金牌，正面为宝塔楼，刻绘博览会标志建筑和象征和平的橄榄枝，铸有“巴拿马万国博览会”英文字样。

背面图案为裸体的一男一女单手相迎，寓意大西洋和太平洋地区的团结繁荣，也是对当时贯通大西洋和太平洋的巴拿马运河的特别纪念。下为拉丁文“DIVINE DISIVNCTA IVNXIT HOMO”，意为“两岸之间的神圣联盟”。

摄影◎木头

天时地利创造了酒，而“人和”才能变酒为佳酿，使得酒的品质得以保证，酒的生命得以延续，酒的灵魂永存。

如果把酒比喻成一个倍受上天眷顾的“天才”的话，那么这位天才的成长、成熟则离不开酿酒人后天对其进行的“教育”和“磨砺”，直至天资聪颖的天才变成知书达理的成功人士，为众人所接受，进而倍受他人爱戴。

※偶然中的必然

如果没有农业的高度发达，没有泸州当地特殊的风土条件，没有世代酿酒人的传承，任何孤立的偶然发现，都不会演变成特有的技艺，更不会有趋于完美的酒质。

无论是西方关于酒神Bacchus的传说，还是中国关于酒祖杜康的故事，都为酒这种神奇的液体赋予了更多的传奇色彩。正如文明发源的多样性一般，酒的发现与发明，

其实并没有如同美国大片式的“孤胆英雄”一般，靠个人之力解决了酿酒中的所有问题。酒是人类群体智慧的结晶，它依靠的是酿酒人世代观察、总结、实践、升华为理论、再实践的过程。从这一角度来讲，酿酒技艺传承越久，酒的品质必然越高。这与窖越老、酒越香有异曲同工之妙。

酒，无论是用水果发酵，还是用粮食酿造，其发现的过程无不存在各种偶然性。比如水果成熟后，会因为酵母菌的作用，或是腐烂，或是在自然环境中生成酒精；粮食堆积过剩，或是霉变，亦是可能产生酒精。毫不夸张地说，酒就是粮食或水果的精华，而发现酒是人类进化过程中的看似偶然、实则必然的发现。

有人说，人类科学发展史充分表明，许多震惊世界的科学发现与发明，都产生于偶然。比如门捷列夫就是在睡梦中排定了元素周期表。一个心智成熟的人应该明白，这种偶然，并非纯粹的偶然，这种偶然中有其绝对的必然性。

比如几乎任何一个人都会在睡觉时做梦，然而只有门捷列夫在思考元素问题，于是乎，梦中的灵感必然只属于他。

不仅在科学领域如此，很多美酒的发现与发明，亦充满了偶然性，当然，也有其必然性。

试想酿造国窖1573的各种因素：糯红高粱、温润气候、小麦曲药、龙泉井水、传世老窖。当初是哪一位“英雄”，能一次性将这些条件排列组合得如此精巧准确，乃至造就了品质无以伦比的国窖1573？

泸型酒历史传承完整，其中可考，有史料记载的人有二十三代，比如“制曲之父”郭怀玉，发明泥窖酿酒的施敬章，创建明代窖池的国窖始祖舒承宗，再比如温永盛传人温宣豫、温筱泉、春和荣作坊的李华伯……

显然，这些与泸型酒密不可分的人物，自身具有独特的品质，对酒质的完善起到了不可磨灭的贡献，但是发现、生产酒的人，绝对不是一个个体，而是整个泸州当地酿酒人的集体智慧。

如果没有农业的高度发达，没有泸州当地特殊的风土条件，没有世代酿酒人的传承，任何孤立的偶然发现，都不会演变成特有的技艺，更不会有趋于完美的酒质。

各种美酒的发现与发明可以说都是机缘巧合的结果：

香槟的发现，源于发酵的“失败”，因为驱除不了白葡萄酒中的气泡，反而成就了“如夜空中星星”般的绝妙口感；贵腐酒的发现，源于晚收的葡萄感染了贵腐菌，看似霉烂的葡萄反而保留了更多的糖分，酿造出了如液体黄金般黏稠香甜的美酒；白

摄影◎胡大田

【藏酒洞】

洞外的世界纷纷扰扰，洞内的时间却似乎停止了。图中为静候在泸州老窖三大天然藏酒山洞之一——龙泉洞中的国窖1573定制酒。

摄影◎杨宇更

【国窖1573·V5】

兰地的发明，源于商人运输葡萄酒时，为了少占空间，便于储存而将葡萄酒中的水分蒸馏，反而创造出了“生命之水”。

在历史文化悠久的中国，各种美酒的传说举不胜举，而且更为神奇、有趣。

比如“猿猴造酒”说，在很早的时候，人们就发现猿猴很机警灵敏，不易捕捉，但是经过细致地观察，人们掌握了猿猴的一个致命的弱点，那就是“嗜酒”。于是，人们在猿猴出没的地方，摆几缸香甜浓郁的美酒。猿猴便会闻酒香而至，经不住美酒的诱惑，这些“齐天大圣”往往酩酊大醉，乖乖待擒。猿猴既然嗜酒，便由此生出了猿猴造酒一说，明清的小说中描写，某些猿猴藏身的山洞中，经常可以发现用水果或粮食酿造的酒液。其实，如果人们熟知猿猴的习性，便会知晓，此猿猴酿酒，实属“无心”之举，这些朝不保夕的动物，会习惯性地储存食物，待不时之需，不料，水果和粮食被如此堆放，恰好成就了天然的发酵，便是为酒。

可以说，人类发现酒，到发明酒，是一个偶然到必然的过程。从猿猴造酒之说，再到杜康酿酒，便是一种理性的回归了。传说杜康将未吃完的饭放置于桑园的树洞内，剩饭在树洞内发酵，产生了香气，于是变成了酒。与无心造酒的猿猴不同，杜康不仅发现了酒，还总结出了规律，成为中国酒史中妇孺皆知的酿酒圣手。

与科学发明有关的偶然性、必然性存在于发明者本身的着眼点和思考问题的出发点；殊途同归，美酒的发现与发明，也离不开酿酒者与酒业人员对美酒的热爱和在技术上的创新。

我们在畅享泸型酒之时，既要心怀对大自然的感恩，也要对默默奉献在这片沃土上，辛勤耕耘、专注酿酒的人心存敬佩。也许他们中间的大多数人已经湮没在浩瀚的历史长河中，不留一丝痕迹，但是谁能说，我们喝到的每一滴来自老窖中的酒，没有他们的血汗与精神？

【仪狄造酒】

仪狄，大禹的随从，女性，专司膳食，追随禹王转战巴蜀治水几十年，酿得米酒。《太平御览》中的记载是：“仪狄始作酒醪，变五味。”仪狄，或许就是川酒的始祖之一。

【杜康造酒】

杜康，来自四川汶川大禹的后裔。传说杜康将未吃完的饭放置于桑园的树洞内，剩饭在树洞内发酵，产生了香气，于是变成了酒。

國窖
1573

第二章

时光的雕刻家

SHI GUANG DE DIAO KE JIA

※生而为酒

人生短暂，既要喝酒，便喝好酒。

好酒的定义中不可缺少的肯定是这份自然，只有自然的，才对人体的健康有利。

天生我材必有用

南唐后主李煜也好，北宋亡国之君赵佶也罢。这两个天才皇帝除了同样在文化艺术上有极高造诣外，最为相似之处在于天生都不是当皇帝的料。因为治国需要大智慧，而“文人”多感性大于理性，人治的社会本来就混乱，再来个多愁善感的皇帝，不亡国才是奇迹。

李太白吟诵着“天生我材必有用”的诗句，信心满满地跨入政坛准备大展抱负，不久发现政治这玩意儿比写“飞流直下三千尺，疑是银河落九天”难多了，自己玩不转不说，最终还被唐玄宗“赐金放还”，诗仙只能发出了“行路难，归去来”的感叹，意兴阑珊地离开了长安。

杨慎说，杨贵妃吃的荔枝是秦岭以南江阳泸州的荔枝“妃子笑”，贵妃说，送荔枝的快马也带上泸州的好酒，送给爱卿李太白吧。

多愁善感，本不是坏事，细腻敏感之心用于吟诗作画，倒是物尽其用，少了暴殄

摄影◎张凤春

摄影◎木头

【糯红高粱籽】

形如珍珠，色如宝石。

摄影◎姚西泠

天物。

人如此，酒亦如此，找到适合的位置，用好天生的才能，为大善。

北方生产的高粱，俗称为“粳高粱”，并非最好的酿酒作物。北方少雨水，气候干燥，高粱不需要过多田间劳动，就能茂盛地生长。而北方农民大量种植粳高粱，最初不是为了食用，而是用其作为燃料。虽然现代人认为高粱是绿色杂粮食品，而在以前，只有劳动人民，底层的人不得已才食之。同样，酿酒也只是酿造相对粗糙的酒，作为劳动者解乏之用。这点，从电影《红高粱》那洋溢着的粗犷雄性之美的氛围中可见一斑。

川南泸州，气候温和，物产丰富。当地人所称的“红粱”，正是我屡次提及的糯红高粱，如果用于食用，口感反而不佳，绝对比不上麦子、水稻等粮食，而且其中所含的成分，还不利于人的胃酸进行消化，也就是说，食用了以后，容易“胀气”，感到不适。作为中国浓香型白酒的发源地，泸酒人很早就开始物尽其用——食之不佳，便为酿酒。

泸州糯红高粱不便于食用，却在酿酒上迸发了特有的才华，与葡萄酒界传为佳话的博若莱翻身仗有异曲同工之妙，只是，糯红高粱更早被利用，更幸运吧。

泸州的糯红高粱，皮薄红润、颗粒饱满，酿酒的过程中非常对“微生物”的口味，酿出的酒能够最大限度地吸收老窖的“香气”。

糯红高粱与北方的高粱相比，不仅外观上颜色更为深艳，主要还在一个“糯”

上。“红粱”的黏性高，在酿酒的时候，就会更容易与酒曲之间的微生物之间形成“磁场（引力）”，彼此作用，微生物会因为糯红高粱的黏性，而更方便附着其上，这也正是糯红高粱特有的“亲和力”，适用于酿酒。

试想，如果没有聪慧的泸酒人发挥出糯红高粱的“天性”，将之用于酿酒，而只是一味地将其做成口感粗糙，还不利于消化的食物，中国的白酒史将会重写，文人骚客会因没有美酒而黯然神伤，那些汲取了土地精华的红艳艳如宝石的糯红高粱，也会因为没能得到发挥才能的位置，而默默流泪吧。

一颗种子，三代孕育

四百三十余年的老窖窖池张开双臂，迎接着新的一批糯红高粱。

这是每一粒糯红高粱种子的使命，但不是每一粒生长在有机高粱地里的种子都有幸能完成这个使命。此时此刻能躺在老窖窖池中的种子，有着三代甄选的漫长历程。

第一代的种子，是从植株高2米2左右、穗长30厘米以上、千粒重16克以上的糯红高粱中，“海选”出的颗粒饱满的种子。

这些种子被播种在农科所的高粱基地中，这块肥沃的实验基地就是他们的“娘

摄影◎姚西泠

摄影◎木头

【有机糯红高粱基地】

倾力打造的有机糯红高粱地，周围有轮种的小麦、油菜，也有杂草。

家”，在阳光的照射、微风的吹拂、雨露的滋润以及农科所科研人员的精心呵护下，第二代种子迎来了自己的成熟结穗期，经过再次筛选，被“嫁”到分布在泸州通滩镇、石寨乡、胡市镇、金龙乡、海潮镇等有机高粱生产基地附近的种植基地里，进行水土适应性的测试，确保它们日后在生产基地里能够茁壮地成长。

糯红高粱生而为酒，两代种子，不得不一次次“牺牲”，把进入酒窖化为佳酿的希望，全部寄托在第三代种子的身上。

经过甄选后的第三代的种子，落入了经过三次净化的有机生产基地的土壤中。纯净的土地会给予这些种子最自然的力量，没有农药，没有化肥，没有杀虫剂……阳光照耀着高粱地，一阵微风拂过，沉甸甸的高粱穗，盈盈地低着头，既像是在小憩，为即将到来的窖池之旅作准备；又像是在凝神，回忆三代的追梦之旅；更像是在盼望，期待幻化成美酒的使命终将到来。

有机自古有之

食物于人类，并非只有充饥的物质意义，吃得美味、健康也满足了人类精神层面的追求。正如谚语“You're what you eat.”——你吃什么，你就像什么。

我们不禁开始羡慕起古人了。古代农业没有“有机”、“绿色”、“无公害”一说，

因为都是“靠天吃饭”，偶尔施肥也是草木灰或天然的肥料，是最纯粹的有机食品。

在工业化进程还未染指到中国农业的时候，糯红高粱虽然不是食用作物，但一旦生长在泸州的沃土内，完全就是“天赐”，这里年年风调雨顺，高粱长势良好，季季收成不差。从四月清明前后，种子落入了泥土，到八月桂花飘香，总共不到130天，糯红高粱就完成了从发芽到亭亭玉立，再到成熟的过程。这段时间内，“红粱”的种植者可以说是优哉游哉，因为世代耕种的经验使得他们放心，糯红高粱就是这片土地上的“宠儿”。

但是，随着工业化的进程，大量施用化肥、农药以求“高效”的时代来临了，普通的农民只看到关乎自己收益的收成，逐渐偏离了绿色原生态的农业轨迹。高速催肥的大米口感欠佳、蔬菜瓜果不再甜美清香……如果这些不得不成为我们现代人必须面对的现实的话，那么泸酒人绝对不能容忍这样的惨剧发生在美酒的身上。

一场没有硝烟誓死保卫绿色有机酿酒作物的战役打响了。

以前的糯红高粱地是由农户个体经营，相对比较分散，同时也不可避免地接近某些工业污染源（工厂排污、公路汽车尾气等），后来经过泸酒人的再三斟酌，重新选定了远离工业污染区域、自然条件优厚的有机糯红高粱种植地。正如喷洒了农药的葡萄无法酿造顶级美酒一样，作为浓香型白酒的源头之一——糯红高粱若是在种植的过程中使用化肥、农药、杀虫剂，不仅会使得白酒的品质下降，更为可怕的是，这些化

【You're what you eat.】

在20世纪70年代的时候，在美国有一个社会风潮，就叫做you are what you eat（你吃什么，你就像什么）；意指：你吃进肚子里是什么东西，你就会成为什么样子。该理念主要是在倡导人类要吃得健康，以保持健康身体。比如：一个人长期吃汉堡之类的垃圾食品，他的皮肤、头发、身体状况也会看上去很糟糕。

摄影◎余雷

摄影◎胡大田

学药剂还会成为天然曲药和老窖窖泥中弥足珍贵的微生物的“杀手”。保护泸型酒，势在必行。

为了国窖的甘美，仅有对种子的先天筛选还远远不够。糯红高粱的根深深扎在土壤中，从土壤中汲取养分，换取自己的成长。于是，土壤是否纯净无污染，成为了决定高粱“体质”是否健康的重要后天因素。

因此，糯红高粱种植基地必须远离可能产生污染的地域。所以，在规划有机高粱种植基地的时候，土壤的自然程度就成为了极为重要的考核标准——只有通过权威机关根据国家标准的检测，没有一丁点重金属污染的地方才能纳入有机高粱种植基地的范畴。

但这也只是初步划定范围罢了，并不意味着在此种植的高粱就是有机高粱。“有机”一词可以说是环境检测标准严苛的代名词。没有污染并不代表“纯净”，无污染无重金属的土壤，还要连续不间断地耕种三年，使用有机的耕种方式，才能真正意义上完成“排毒”。在种植有机高粱之前，土壤因为之前的农作物种植多少会留下微量的化肥残留物，在长达三年的恢复过程中，这些残留物会通过植物的吸收和水土的代谢完成转化消耗。

这是个漫长且需要耐心的过程。但为了土壤最终脱胎换骨获得新生，老窖人丝毫没有懈怠，只有还原土壤的纯，捍卫糯红高粱的净，才配得上国宝酿酒窖池，非物质文化遗产酿酒技艺，酿一段稀世美酒的佳缘。

有机食品不仅意味着纯净无污染，同时也是营养丰富的代名词。有机的耕种，也不可忽视土壤的肥力。为了让土地更加肥沃，“绿肥”成为了有机糯红高粱的营养餐。

摄影◎田积

【森林——盛产绿肥的宝藏】

使用“绿肥”的灵感来源于森林里的天然腐殖质肥料——落叶归了泥土，腐烂成极具养分的肥料，滋养反哺自己的“母亲”。这是自然的循环法则，亦为最环保的有机肥料。只是因为需要时间，所以大多数种植非有机农作物的地方为了经济效益而选择了更加急功近利的化肥。

但在有机糯红高粱地里，一切都回归了自然。间种着的豆类、油菜等植物在收割后，其根茎并不会被取出挪走，而是任其成熟腐烂归于泥土。从泥土成长，又还给泥土养分，滋养糯红高粱。这比使用化肥，效率低了不止百倍，但最天然，保护了糯红高粱。既要做传世佳酿，便值得如此费尽周折。

肥料的问题解决了，可要保证糯红高粱的健康生长，还有最后一道难关——虫害。

十九世纪初，葡萄根瘤蚜曾经肆虐欧洲，差点让那里的葡萄酒遭受灭顶之灾。蝗虫的泛滥也可让辛劳了一年的农民颗粒无收。任何农作物都少不了虫灾的危害，糯红高粱亦如此。杀虫剂可行，却与有机理念背道而驰，于是酿酒人挖空心思研究无污染的物理驱虫方法。例如将废弃的烟叶梗泡水，喷洒在糯红高粱上以预防虫灾；或者用杀虫灯诱杀趋光飞虫；甚至在田间地头，用手亲自一个一个摘除害虫……

这样杀虫，确实费时费力，但一切的努力，都是在保护自然。人类尊敬自然，自然则会回报纯粹给糯红高粱。为了保护有机“果实”不会在任何一个环节出现问题，泸州老窖一直坚持对收获的每一粒高粱进行有机检测，且持续对有机高粱基地土壤是否保持纯净进行监测。有机的含义，其中的艰辛，享受纯净美酒的人也许看不到，但耕耘在这片土地的酿酒人知道，且无怨无悔。

可以说现代的有机认证，并非只是延续了传统的耕种，而是在大环境艰巨（工业化污染严重，农民认知不高）的情况下，逆势而为，杀出了一条血路，为了保护传统，回归传统，现代泸酒人付出了诸多的努力。功夫不负有心人，现在的每一滴国窖1573，与四百多年前的泸型酒一样绿色、自然。酒质并没有随工业化的进程变得不再纯粹。

人生短暂，要喝好酒。

【有机食品】

有机食品(Organic Food)也叫生态或生物食品等。有机食品是目前国际上对无污染天然食品比较统一的提法。有机食品通常来自于有机农业生产体系，根据国际有机农业生产要求和相应的标准生产加工。

【国窖1573·国学】

【国窖1573·国花】

什么样的酒才能算得上好酒呢？对于好酒而言不可缺少的肯定是这份自然，只有自然的，才对人体的健康有利。

世界顶级的酿酒原产地，其拥有者素来不会因为酿酒作物种植的排列不够规整，土地不够肥沃，周围杂草丛生而感到耻辱，相反，越是看起来不那么“整洁”的田园，越代表着师法自然的栽培技术，酿造的酒也会同样质朴而有利于健康。

比如“只有亿万富翁才喝得到”的罗曼·康帝的庄主，为了保持酒庄内的纯天然状态，不仅是要人工采摘葡萄，甚至下了大雨后，被冲下山坡的泥土都被一筐一筐地背回原地，以保证土壤品质的稳定。

再比如，在美国纳帕谷出产的顶级好酒的酒庄内，为了保持原有的自然生态系统，会利用猫头鹰来捕捉田鼠，而非灭鼠用的化学药剂。

国窖1573的有机糯红高粱基地中，从播种到收割，都是纯粹的手工作业。虽然效率无法与机械化相提并论，但是手工的珍贵性保证了每一颗糯红高粱的纯天然状态。也正是因此，国窖1573凭着纯天然不可复制、纯古法不可超越、纯手工不可流水线生产的特质，毫无争议地成为了中国的奢侈品，只属于新兴贵族阶层享用。

也许，今年的雨水不够，糯红高粱会比往年减产；也许，明年的气候异常，糯红高粱的收成不佳……但就是因为这样的变化，你能喝到的国窖1573，就是当年的自然风土精华。

没有缺憾的工业流水线上生产出来一模一样的东西，只能是产品，绝非艺术品。

国窖之所以能被称为艺术品，从其源头，糯红高粱的自然种植状态就得到了最直接的体现。

※甘醇曲药

大楼之所以能够高耸入云，除却本体的厚重、坚实，更在于其整体构架的内在平衡，骨骼建立了其平衡体系，遂在泸酒人的口耳相传中，有了“曲乃酒之骨”一说。此“骨”非“铮铮铁骨”，而是酒体的平衡与质感。当然，酒曲中的多样化的微生物也为蛋白质的进一步发酵，提供了动力，“力”也是“酒之骨”的另外一重含义。

酒之骨

元代的泸州，因地处川南，而避于战乱，加之气候温和、物产丰富，世世代代生活在这里的百姓勤于耕种，富裕的粮食就促进了酿酒业的兴盛。虽然神臂城（又名老泸州城，坐落在焦滩乡老泸村境内的神臂山上）坚持了三十五年抗元战争，但腥风血雨并没有泯灭人类爱酒好酒的天性。汉人也好，彪悍的蒙古人也好，战争与酒同样不可分离，就像苏联的卫国战争，伏特加与红军战士简直就是形影不离。那时无酿酒技师、大师一说，酿酒仅为过活的手艺，跟绝大多数传统的手工业一样，学酿酒需拜师，从学徒做起。

“臭小子，白酒就是辣喉咙的，要不就不是白酒了！”师傅借着酒兴笑骂道，并无责怪之意。

郭怀玉不以为然，他相信自己将来酿出的酒一定是甘醇的。数年后的一天，郭怀玉的出师酒被成功酿出，得到了师傅的首肯，确定他开始独立酿酒的那一刻，他在激动之余喝了一口自己酿出的酒，燥辣的白酒，在喉咙里火一般的燃烧感顿时抵消了出师时原本的欢愉。

这难道就是自己精心酿造出的“美酒”？这难道就是泸酒几百年来不可改变的“风貌”？抑或古人传下来的酿酒方法本身就存在缺憾？

郭怀玉心中充满了疑惑，他向师傅请教，不料却遭到师傅的严厉斥责，认为他是在挑战“师门”，是对祖先的大不敬。

郭怀玉没有放弃，他将从师傅那里学来的一点一滴全不遗漏，加之自己平时又开动脑筋搞钻研，从原料的选取到酒曲的配制，每一个步骤都施以孜孜不倦的摸索、实验。他精益求精，将全部的精力都注入到曲药的研究中去。从曲药发酵升温过快的状况找到突破口，一遍遍地施以改进曲药温度的实验以及曲药成型状况的实验。

就这样，日复一日，年复一年，三十年如白驹过隙，眨眼而过。皇天不负有心人，当郭怀玉颤抖着双手，接了半碗刚刚蒸馏出来的烈酒，小心翼翼地喝下一口后，晶莹的泪水跟不断流出的美酒一样，倾注而下。经过反复试验，趋于完善的酒曲问世了。那一年，郭怀玉48岁，年近半百。

郭怀玉发明的曲药能够延缓发酵时间，改善酒中的燥辣味，使得饮酒的过程更美妙，同时酒对身体更为有益，不上头、不伤身。当时，郭怀玉将此种酒曲命名为“甘醇曲”，由于块砖大，酿造时用曲量也大，所以又称为“大曲”，有别于此前所用的“小曲”。用此曲酿酒，“浓香甘洌、优于回味”，彻底改变了当时泸州盛产的极为燥辣的高度数高粱酒的风貌，使其品质得到了飞跃。郭怀玉本人则因对泸酒的贡献，被后世誉为中国第一代浓香大曲酒的“创始者”和“开山鼻祖”。

100年后，酿酒大师施敬章于公元1425年通过制曲技艺上的改良，去掉了大曲中不利于酿酒的成分，进一步降低了大曲酒的苦涩与燥辣味，最终演变、传承为至今的大曲。为了使得传统大曲在现代焕发出新的活力，泸州老窖于1996年在中国白酒行业首建了楼盘式、专业化、规模化的制曲生态园，并将生产的大曲注册为“久香”牌，取“越久越香”之意，面向全国大曲酒业进行供应，使得以水质、土壤、气候、空气、生态链及人类活动所孕育的酿酒稀缺地域资源能够在行业中得到共享。

酒曲到底有何神奇之处，可以化白酒的燥辣为甘醇?

随着现代科技的不断进步，一定程度上揭示了“酒曲”的某些奥秘。

酒曲富含大量的微生物以及微生物分泌的生物酶——淀粉酶、糖化酶、蛋白酶等等。生物酶就是天然的催化剂，可以加速将粮食中的淀粉、蛋白质等转化成糖和氨基酸。糖分在酵母菌的作用下，才能分解成乙醇。

简而言之，酿酒的过程，就是微生物将谷物中的精华糖化进而酒化的过程。而酒曲内含有相对全面的微生物，使得发酵会更趋于平稳。大楼之所以能够高耸入云，除却本体的厚重、坚实，更在于其整体构架的内在平衡，骨骼建立了其平衡体系，遂在泸酒人的口耳相传中，有了“曲乃酒之骨”一说。此“骨”非“铮铮铁骨”，而是酒体的平衡与质感。当然，酒曲中的多样化的微生物也为蛋白质的进一步发酵，提供了动力，“力”也是“酒之骨”的另外一重含义。

任凭现代科技如何发达，人类对于大自然的奥秘，也只能是窥其一点，而无法见全貌。很难想象，郭怀玉在那个微生物学还未诞生的时候，是如何知晓生物酶的秘密，并且能控制其为酿酒所用的。但可以想见，泸酒人的先辈是付出了何等的艰辛与汗水，现代的酿酒人也不得不心怀敬畏之情，继续传承这种“人性化”的、还原自然生态的“古法酿酒”。

古法制曲

泸州老窖的制曲厂内终年弥漫着久久不散的麦香味，似曾相识，有点像我们平日餐桌上的全麦面包的味道，让人禁不住口齿生津。然而生产酒曲的工人们，却无暇去享受这份甜美香气，只是努力地埋头生产。在他们背后，还有一个身影时时刻刻如“监视器”般，监控着制曲环节——在弥漫着白色烟雾的小麦研磨车间里，一位衣着灰白的中年人，神色肃穆，来回往返在每个制曲流程上。

这位中年人，身着普通的工装，乍一看，与其他工人无异。然而他却拥有一个了

【大曲】

大曲是一种同时含有微生物菌系、微生物酶系和曲香香味物质等在内的制品。按照曲温的不同分为高温大曲、中温大曲和低温大曲。

大曲是大曲酒酿造的糖化发酵剂，在酿酒生产中具有三大作用：一、将粮食淀粉最终转化为乙醇；二、提供将窖泥功能菌代谢的酸类物质与糟醅体系中的乙醇缩合生成酯类物质和酯化酶以及生成微量香味物质的多种微生物及酶系；三、提供复合曲香香气物质，是传统大曲酒酿造离不开大曲参与发酵的奥秘之所在。

摄影◎INTO

【酒曲】

世界范围内用谷物酿酒，分为两个类别。一是利用谷物发芽后产生的酶来糖化谷物，最后发酵成酒，比如苏格兰麦芽威士忌；第二种就是利用发霉的谷物产生的生物酶，来做酒曲，同时糖化酒化谷物酿酒，中国的白酒绝大多数都是运用此法，且影响到周边国家如泰国、日本的酿酒技术。

酒曲酿酒是中国酿酒的精华所在。酒曲中所生长的微生物主要是霉菌。对霉菌生物酶的利用是中国人的一大发明创造。日本有位著名的微生物学家坂口谨一郎教授认为这甚至可与中国古代的四大发明相媲美，这显然是从生物工程技术在当今科学技术中的重要地位推断出来的。

不起的“绝活”，没错，他就是制曲的顶级大师，他可以用与生俱来的感官和传承了百年的技艺来严格把握制曲过程中的每个细微的环节。

这会儿，他正在指导着工人给小麦“淋浴”。“淋浴”用的水温一般在80℃，而且水量要严格控制，其目的就是保证小麦的皮充分湿润，但是小麦的内部依然干燥。

大师拿起几粒湿润的小麦，放在嘴里，咀嚼了几下，低低喝了一声“好了”，便挥手示意，停止加水。接下来，湿润后的小麦会被小心翼翼地磨成“梅花瓣”状的粉末，再次加入适量的水，进行充分的搅拌。大师会根据当时的室温和气候的不同，随时调整水温的高低和搅拌的力度，最后用手来捏一把团成团的梅花瓣，当搅拌均匀的梅花瓣容易成型而不粘手的时候，就该进行下一个环节了。

压制成胚的过程，是由工人在大师的指导下进行，同时必须经由他严格把关，通过用眼睛细细打量，用双手反复摩挲，用鼻子反复嗅闻，直到最终判断为合格，才会由工人用双手缓缓搬运而出，一路上谨慎小心，防止曲块出现破损。

最古朴最原始的制曲工艺，被世代相传的酿酒人传承了下来，保存至今。制曲大师默默地坚守在岗位上，无时无刻不关注着制曲的每个环节，直至小麦被压制成合格的酒曲块，“睡”入发酵的库房。他如关注婴儿成长的母亲般，本能地悉心呵护着酒曲的每个成长阶段，毫不怠慢。

用唇齿感受温度湿度，用眼睛来辨别差异，用双手的触感来判断黏合度……是的，这些环节都必须仰仗大师本人的经验。制曲师咬一咬，尝一尝，看一看，摸一摸，就能做到最细微的“检测”，而这些机器达不到，是“绝活儿”，也是“活遗产”。

有人认为，经验主义不可取，要精确，要量化，要标准，要大规模生产以节省成本。这种观点，在工业社会讲求效率的背景下无可厚非。但更多的时候，我们不愿意选择标准量化的、机器流水线上生产出来的快餐，虽然那更省时省力，我们更愿意慢慢地等，等妈妈在厨房按照多年的经验，做一顿儿时记忆中味道的饭菜。

人生本无捷径可言，好酒也需用心酿造，耐心等待，泸酒人深知这一点，他们跟祖辈一样，默默地坚守着传统，几百年了，一代又一代，不急不躁。谁能否认，等待佳酿的过程本就是一种美妙的人生体验。

【制曲的原理】

用小麦为原料制作曲坯，在开放式操作条件下，自然网罗环境（原料、场地、器具、空气、搅拌水）中的微生物，并通过控制生产工艺条件，这些微生物在曲坯内富集、生长、繁殖大量的有利于酿酒的微生物，分泌代谢出众多的产物，同时释放热量来实现曲坯自然升温。

【泸州老窖的制曲生态园】
浓荫蔽日，酒曲养在深闺。

微型“世袭贵族”

制曲厂所在地，高墙林立，将满是气根接地的榕树、遍布苔藓的条石阶梯、幽静密闭的曲房与外界的车水马龙隔绝开来。酒曲就是养在深闺人未识的、“娇气”的闺秀，受不得空气污染，更惧怕杀虫剂等化学制剂，她就是在高湿度、相对恒温、见不得日晒的纯自然无污染的环境里养成的“娇娘”。

酒曲之所以受到如此悉心的呵护与厚待，源于制曲离不开微生物。

但是很长一段时间里，人们对于微生物存在误解，认为微生物就等同于有害菌，人人得而灭之。农药、杀虫剂的滥施滥用，很大程度上破坏了大自然的生态系统。其

【活遗产的师承】

酿酒师傅有绝活，但多数时候显得沉默不语，这是一种默默奉献的精神，更是一种源自祖辈师训的教导。因为在古时候，跟着“大瓦片”（酿酒技师）学酿酒绝非易事，且酿酒技艺是酒界的最高机密。首先天资要聪明，答对师傅的“三道难题”，做对“三件难事”，有了资格后，才可以择黄道吉日设宴拜师。拜师后一年打杂，磨练性情；第二年开始正式学艺；三年满师就要做出师酒。然而，更多的学艺时间中，“大瓦片”并不常常手把手地传授，而是点到为止，像“梅瓣碎粮、打梗摊凉、回马上甑、看花摘酒、手捻酒液”等都是只可意会不可言传，更不得外传的技艺。

摄影◎木头

【酿酒技师正往糟醅中摊撒曲药】

摄影◎INTO

【压制成胚的块状酒曲】

实，每个健康的人，其体内都是存在大量微生物的，没有微生物的繁衍代谢，人体无法对摄入的食物进行消化吸收，甚至无法排除废物。

没有微生物的贡献，人类将与诸多的美好事物失之交臂。酸奶、奶酪、豆腐乳、酱油、醋、酸菜……甚至是可以杀菌的酒精，原本在自然发酵的过程中也绝对离不开微生物的参与。也正是因此，所以酿酒的过程本身就充满了哲学意义上的辩证法，对立统一。

可以说，与微生物的和谐共生，就是人类与大自然和平共处的必经之途。

几个世纪前，泸酒人不仅已经懂得人与自然的和谐共存之道，还通过微生物发酵制曲，学会了将微生物为我所用，酿成美酒，让更多的人享受到了大自然的奇迹之果。

微生物的数量虽然庞大，但是它们每一个个体又是敏感而脆弱的，比如很多地衣微生物，在空气中有微乎其微的二氧化硫的情况下，便会消失殆尽。

因此，为了保护延续了几百年的酒曲房内的微生物家族，制曲人小心

翼翼地将其“与世隔绝”地保护起来，使得微生物免于受到现代工业污染物的“迫害”。酿酒的技艺被传承下来的同时，这些为酒作出杰出贡献的微生物种群也受到了悉心的呵护，传承了下来。

当酒曲被压制成块，排排坐，逐一进入幽静的曲房内，微生物之间的交流才正式开始，为了不“打搅”微生物家族之间的畅通无阻的“密谈”，酒曲上被盖上了席子，关上了门窗。高温、高湿、不透风、无光照，正是滋养微生物繁衍的最佳环境。

假使你的听觉足够灵敏，不妨在静夜里，在门口屏住呼吸，偷听下微生物之间的窃窃私语……如果你探听不到也没有关系，单看看曲房内外墙壁上被微生物染得斑驳的黑色物质，便可以想见，几个世纪以来，微生物家族们在这里是何等地繁衍壮大！

如果你会将这种微生物染成的黑色墙体等同于不洁，别忙着下结论，你可曾听说过欧洲顶级的老酒窖外面的“留在人间的天使”？

在法国人引以为骄傲的特属的干邑区的酒窖里，也是凭借那些延续了百年的微型“世袭贵族”——微生物，来发酵酿酒，于是乎，遍布建筑外墙内壁的“黑色污渍”，代表着“贵族”们的兴盛之态，延绵不绝。

只是游牧民族出生的欧洲人，生性外向，大大方方地把这种看似不洁的东西，神话成了某种“宗教”意义的名称，起码听起来很美。

朴实的泸酒人，秉承着传统文化中的低调、含蓄，羞于向世人揭示这些“世袭贵族”的真实面目，他们默默地酿酒，只相信祖辈世代传下来的“酒好不怕巷子深”，如果泸酒人有什么信仰的话，那也是对酒的品质的一种近乎狂热的坚持。想想吧，泸酒人与这些默默付出的、被世人所误解的微生物是多么地相似啊。

如若按照中国的传统文化，给这些“留在人间的天使”起个更为贴切的名字，怕是比较难，因为在这样一个儒释道三教合一，天地间皆有神明的国度，单用某一种宗教的人物来命名，多少都是不够全面的。

但任何人都可以利用自己的头脑，尽情遐想。比如面对遥遥夜空中一轮明月，个人猜想，那个当年偷食了灵丹，飞仙去了月宫的嫦娥，保不准在寂寞难耐之时，禁不住泸酒的醇美之香的诱惑，动了凡心，飘然而至，悄悄酌了一口，面颊绯红，微醺了，踉跄着溅落几滴，留影人间……也是别有一番风韵吧。如此一来，用“嫦娥醉酒的香影”也无不妥。

※老窖生香

国窖开元

喜爱收藏之人士多推崇明代的家具，明代的家具可谓中国家具史上的集大成者，造型简洁流畅，设计符合人体工程学，使用舒适。

明代万历年间烧制的宫廷御用瓷器，为众多收藏爱好者所趋之若骛，万历瓷大气、朴实。论风雅，比不上宋代的青瓷；论精致，不及清代的珐琅彩。但万历瓷特有的风貌与明家具的风格恰好都反应了那个时代的整体审美情趣——“务实”。

在这种务实精神的驱动下，随着商业经济的不断发展，明代的酿酒业逐渐脱离农业成为一个独立的手工业生产部门也就不足为奇了。

正是在万历年间，有一位叫舒承宗的泸州人，完成了他充满传奇色彩的人生中最为浓墨重彩的一笔。

舒家在泸州当地属于殷实的大户，舒承宗从小就受到了良好的文化教育，再加上泸州特有的川南浓郁文化氛围的滋养，小小年纪的舒承宗就出落成了一位翩翩书生美少年。舒家原本寄希望于舒承宗赶考从政，光宗耀祖。

舒承宗本人，虽生得眉清目秀，儒雅脱俗，但骨子里却一直向往“金戈铁马”的豪情，读书之余总跟泸州当地稍有名气的武师求教些棍棒拳术，久而久之，悟性颇佳

【古江阳酿酒图】
记载了明代泸州的酿酒盛况。

的舒承宗，也能像模像样地打上几套拳。

舒家人原本不想让舒承宗舞刀弄枪，但见他习武后可强身健体，便也听之任之。

不曾想，有心栽花花不开，无心插柳柳成荫。

当时战事颇多，早就想一展拳脚、挥刀砍倭、保家卫国的舒承宗，凭着一腔热血，借着几分年少的冲劲，不听家人劝阻，投笔从戎，毅然去报考武举，而且居然考中了。

中了武举，舒承宗被派到陕西略阳城内做武将，由此带兵打仗，尽大明子民的一颗拳拳报国之心。

假如舒承宗就是一介武夫，胸中没有半点墨水，战场上的血雨腥风完全可以满足他个人的英雄主义情怀。然而，正是因为舒承宗文武兼备，打胜仗带给他的除了成就感外，更多的还有对战争的反思。

一次凯旋后的庆功宴上，舒承宗喝得酩酊大醉，半梦半醒之中，他的脑海里显现的是战火燎原、血流成河、生灵涂炭。恍惚中，他依稀听到的是战士被砍掉手臂时痛苦的惨叫，敌人被斩杀时的哀号……

人生总是在求不得，值得珍惜的往往是已不再拥有的。已经厌倦了战争的舒承宗，分外思念家乡的亲人，怀念儿时的记忆，还有泸州的美酒。

经过深思熟虑后，舒承宗启程还乡，回到了阔别已久的泸州。回到泸州后，舒承宗拿出带兵打仗的魄力，开创了泸州历史上第一个规模酿造的“前店后厂”式酒坊——“舒聚源”酒坊。所谓前店后厂，就是生产销售一条龙经营模式。这种模式恰

【国窖始祖舒承宗】

陈列于泸州老窖博物馆的舒承宗雕像，采用直径一米五、珍贵的千年古楠木以东阳木雕传统的圆雕技法独根雕刻而成，形象生动、造型庄严。

【温永盛】

由舒承宗于明代始建的舒聚源作坊，至清朝年间由温家转营，遂改名为温永盛作坊。

好节省了中间环节，使得效益最大化，是最经济、最务实的酿酒、卖酒方式。

中国历史上不乏文武兼备的奇才，但提笔能文，上马能武，还可以搞实业的综合管理型人才，不说绝无仅有，却也是凤毛麟角，舒承宗恰是一位。

从明代万历年间开始，舒承宗创办的“舒聚源”酿酒作坊，被一脉传承了下来，至今仍在酿酒。新中国成立后，“舒聚源”连同散落在城内城外的其他35家酿酒作坊一同演化成了今日的泸州老窖。而“舒聚源”里那些从四百三十余年前就开始酿酒一直从未间断的窖池，便是如今名动世界的“中国第一窖”：1573国宝窖池群。

生香之泥

说到泥，人们就会想到土，进而再想到被我们踩在脚下的不起眼的，甚至“肮脏”的泥土。

电视剧《亮剑》中，李云龙自嘲没有文化的时候，就说自己是“泥腿子”。“泥腿子”就是对面朝黄土背朝天的农民的一种民间的称呼，略带贬义。

泥土真的就那么卑微，那么令人不齿吗？

女娲造人的传说中，我们的祖先就是泥土和水捏成的；我们一直引以为骄傲的瓷器也是泥土在水火的双重作用下诞生的；古建筑的一砖一瓦也是用泥土烧制成的陶器；上至帝王将相，下到黎民百姓，死后都要讲究入土为安……

日常生活中，为什么砂锅炖煮的肉汤格外鲜美？为什么上好的茶叶必须用紫砂壶冲出来才能尽显茶叶的滋味？为什么远离家乡的游子的行囊里总有一撮家乡的泥土？

泥土并不脏，泥土里有丰富的矿物质和微生物，泥土孕育生命。人类文明的发源地离不开河水，更离不开河流冲积的平原，平原可以种植作物为人类食用，平原可以为人类提供栖息之所，而平原的组成正是奔腾的河水日复一日带来的泥土沉淀。

正如希腊神话中的大力神安泰，一旦双脚离开大地母亲，就会失去力量，人类如果离开泥土，也是无法生存的。

改革开放初期，一个年轻的陕西后生历尽千辛，漂洋过海去美国“淘金”。但是刚到那边，一时间找不到合适的工作，花光了身上所有的钱，落魄至极。后生又拉不下脸来上街乞讨，就努力在自己的行囊里寻找值钱之物，想换钱吃顿饱饭。最后，他只翻到了行囊最底层的一个手绢，摊开手绢，里面左一层纸巾，右一层塑料……原

【国窖1573纯古法酿造剪影】

来里面放的是临行前，后生的妈妈怕他到了美国水土不服而准备的自家后院的一撮泥土。

手捧着发黄的泥土，后生的耳边回响的是母亲的嘱咐："娃，到了那边，要是水土不服，就把咱家的土放点到水里，喝了就好了……"

想到慈母，后生的鼻子发酸，心里却也平添了动力，他擦干了眼泪，小心翼翼地捧着包在手绢里的泥土，走上街头叫卖，碰运气。

后生的怪异举动，果然引起了路过的不少美国人的好奇心，也有人上前来打听："你在卖什么东西？"

"这个是古老的中国的泥土。"

"泥土有什么稀奇的？能卖钱？"

"你们不知道，这个泥土在陕西是埋葬皇帝的，兵马俑知道吧？就是用这个土埋的……"

也许是泥土带给了他好运，也许是美国人当时对中国太好奇了，总之后生卖掉了泥土,靠着这笔钱生存了下来，找到了一份可以让自己生活的工作。

这个故事的真伪不可考，但任何一个远离故土的人，都能从故事中找到属于自己的那份感动，那份慈母的牵挂，那份故乡泥土带来的好运气。

只有正确地认识了中国的“泥土”文化，正确认识了泥土的实际内涵，我们才能进一步去了解窖泥在白酒发酵中所起到的“生香”之神奇作用。

国窖1573的窖池与别处最大的区别除了年份久远，更重要的是，这里的窖池均精选城外五渡溪金黄色的泥土和凤凰山下龙泉井水掺合踩揉成窖泥，在窖池四壁及池底敷了一层。由于筑窖原料用的是河水反复冲积沉淀下的细腻无沙的黄泥，黏性很强，无须经过防渗处理即可保水而无渗漏之虞。

五渡溪黄泥之谜

不是所有的泥土都能用于种植作物，也不是所有的泥土都能用来筑窖酿酒。泸州当地酿酒传统源远流长，经验丰富的酿酒人早已总结出了各种酿酒的规律，其中一项便是关于用何种泥来筑窖。一般的泥土，黏性不够，含有杂质的泥土，不利于微生物生长，就算是黏性好，没有杂质的上好黄泥，可以筑窖，但往往持续酿酒的时间短则十几年，最长超不过百年，酒窖就会“死”，也就是微生物在其中无法长期繁衍。

泸州老窖的国宝窖池，能延续四百多年，持续酿酒，筑窖之窖泥功不可没。

【运泥工】

泸州酿酒业的繁盛，催生了运泥工这个特殊的职业，图为活在世上的最后三位运泥老人。

【五渡溪】

沿着这条路下去，绕过这些民居，就是大自然赐予老窖专用窖泥之地——五渡溪。

泸州酿酒作坊使用的窖泥，来自距泸州城外10里的五渡溪，那里有被酿酒作坊奉为上等材料的黄泥。没有人能说清楚，泸州老窖的国宝窖池在明代初建的时候，酿酒人是如何知道该黄泥能让老窖“永葆青春”的，很可能是酿酒人的经验，也可能是一种口耳相传的“行业秘籍”，但在很长一段时间里，五渡溪的黄泥养活了不少人。挖掘黄泥的人对于具体的挖掘地点，守口如瓶，然后把这种筑酒窖专用的黄泥作为宝贵资源，装到船上，沿江而下，卖给酿酒作坊，最后由挑夫负责把船上的黄泥送到各个酿酒作坊。

据五渡溪的原住村民75岁的邹高珏回忆，他1949年至1950年间专为营沟头的老糟坊在五渡溪搬运窖泥。每到一处，糟房老板都要请他们吃一顿“少午”（午饭），喝一顿酒，“温家的酒最好吃”，他这样说。

从泸州酿酒人，到挑夫，再到挖泥的人，都知道五渡溪的黄泥是筑酒窖的上等资料、宝贵资源，但没有人能说清楚这其中的缘由。

若想探寻五渡溪黄泥的秘密，也只有来到它的“出生地”——五渡溪。

五渡溪位于泸州市江阳区华阳乡，是一个半月形的孤岛，南邻长江，北绕五渡小溪沟，不远处有一条被当地村民唤作四渡溪的山泉潺潺而下，一块巨型岩石恰好庇护在山泉之侧。长江江水多年的冲积，为五渡溪带来了丰富而细腻的黄泥，而山泉水又起到了清淤淘沙的作用，岩石则为泉水遮挡了可能从山上滚落的碎石和冲刷沉淀下来的泥沙，保证了水质的清澈和黄泥的纯净……江水、山泉、高岩，自然的鬼斧神工集于一处，滋养出最适宜建窖的黄泥，整个酒城再也难以寻找到第二处这样的天赐之地。黄泥在江水和泉水的长期交互浸泡作用下变软，变细腻，变清洁，经过不知多少年的孕育，终于诞生了这种不坚硬不含杂质又有黏性的金黄色泥土。

据泸州当地的学者研究发现，五渡溪全岛面积70亩，其中可以利用建窖的优质黄泥仅为8万吨，且已被挖完7万吨（现在山泉已断流，产生黄泥的条件不复存在），按照平均每口酒窖筑窖需5——7吨黄泥估算，7万吨的黄泥可以筑造约1万多个酒窖。

从地质环境与自然环境可以解释五渡溪黄泥的特殊性，但黄泥中究竟有何种让酿酒窖池的窖泥越老越生香，且长盛不衰的神秘物质？没有人能说得清楚。

也许在不久的将来，随着科技的进步，这个谜底会被揭开。但是作为中国传统文化中不可分割的白酒酿酒技艺，与神秘的中国传统文化一样，继续保持着那份神秘，继续造福人类，也未尝不是一件好事。

黄泥本天然，但是在漫长的岁月中经过若干年不断地浸润，泥色悄然发生了变

化，由黄变乌，由乌转灰，转乌黑、再转灰白，泥质由柔变脆，在光线的照射下显现出红、绿、蓝的斑斓的颜色，且散发出一股沁人心脾的香味。

可以说国窖1573酒特有的芬芳香气，绝对离不开这种经过岁月沉淀能“生香”的泥土。

酿酒的行家都知道，窖池的年代越久远，越是显出其价值，越能出美酒佳酿。常言道：千年老窖万年糟。在阳光下仔细观察国窖1573的窖泥，那美丽的色泽会让人惊叹不已，这便是悄然而逝的数百年岁月的神奇造化。

当初在这里建造“中国第一窖”的舒承宗绝对预料不到，经过了几百年的连续酿酒，这些无数次经过酒液侵染、飘逸着浓郁窖香的老泥窖，已经成为独有的富含各类有益微生物的庞大体系。经中科院发酵研究所检验，1573老窖池的窖泥中含有数目宏大到不可计量的微生物，还有很多人类目前还无法认知的微生物物种。

窖泥以酒糟中的酒、水分为物质交换的载体，使养分、微生物在窖泥和酒糟中相互交换，默默发酵，暗暗生香，从而实现了窖泥的“质变”，可成就白酒中的独特芬芳。这也就是酿酒师所言“以糟养窖，以窖养糟”。这种代谢，四百多年来从未间

【窖池】

以五渡溪黄泥建造并密封的窖池在时光的氤氲中默默发酵，缓缓生香。

【国窖1573广场】
1573国宝窖池群所在地——国窖1573广场。

摄影© 木头

断，使得诞生在舒承宗手下的窖泥充盈着旺盛的生命力和微生物，并形成了特殊的生态系统，其生命活动代谢所产生的复合窖香就越浓郁，糟醅发酵产酒，酒质就越好。这与民间用老汤、老卤水烹制佳肴的道理如出一辙。

泥窖酿酒，是中国人的一大发明。从现代生物技术角度看，它是集糖化发酵、酯化等多种生化反应于一体的酿酒过程，而泥窖本身又是多种微生物的载体，是多种微生物固定化培养基、没有半衰期而且效果越来越好的生化反应容器，窖龄越长，窖泥中繁衍的微生物和微生物产生的香味物质也就越多，产出的酒自然芬芳四溢。

国窖1573酒的酒质之所以卓尔不群，除了炉火纯青的酿酒工艺外，很大程度上得益于使用老窖酿酒。

建一个新的酿酒泥窖，初始仅能产三曲、二曲，约经过十年后，

泸州老窖酒传统酿造技艺之一——上甑

窖内“微生物部落”初步实现一定规模后可产部分的头曲，而酿制特制曲酒的窖池窖龄则必须在三十年以上，有五十年窖龄的窖池才能被称为老窖。用来酿造顶级美酒——国窖1573酒的酒窖则是延续百年的1573国宝窖池群。之所以被称为国宝，是因为世界上其他地方再无如此距今久远的酒窖，在中国的考古发现中，发掘出土的酒窖遗址有，但还继续酿酒的，绝无仅有。

老窖中的微生物在酿酒的特定环境下经受高酸、高乙醇等因素变化的考验，适应环境的微生物留了下来，久而久之，窖池就成为了优良菌种的繁衍地。酿酒过程中产生的黄水，不断向窖泥深处渗透，黄水内含有丰富的营养，为微生物的生命活动繁衍驯化提供了养分供给，微生物的生命活动中产生香味，时间越长，微生物的种群可产生的香味物质越积越多，用这样的泥窖酿出的酒，必然具备浓郁诱人的香味。这就是酿酒行家常说的“老窖产好酒”的原因。

老窖生香的原理，乍一看难以理解。其实，如果能将老窖的窖泥看成是“活物”，比如将第一次建筑酒窖的窖泥中的生香的微生物群看成是“部落人群”，老窖越老，原有的“部落人群”就会跟外界（入窖的酒糟）不断地进行“通婚”。四百多年的通婚，使得原有部落的人群不仅在数量上得到了壮大，同时“杂种优势”也使得窖池内的部落人群有更多的机会优胜劣汰，现存于窖池中的微生物种群继承了目前为止最好的DNA，而且这一过程还在继续。

最为难能可贵的是，这群窖池还是“活”文物，它还在酿酒。中华历史上的“活”文物，一是都江堰的水利工程，直到现在依然“尽忠职守”发挥着灌溉成都平原的作用；再就是1573国宝窖池群，持续酿酒，不断生香，而且还能让世界各地的人用自己的感官来见证此历史奇迹。

神奇的鸳鸯窖

什么东西最长久，古人与今人的理解是不一样的，今人垂青“身外之物”，古人钟情“身内之物”。所以，古人认为感情最永恒，只要有真挚的情感，留下的都是永恒的思念，当初的窈窕淑女、翩翩公子的肉身都已随时间灰飞烟灭了，而关于他们的“美妙”情感却诉诸文字，流传至今。鸳鸯是古代不离不弃的爱情象征，是世间美好情感的再现。

明代舒聚源的酿酒窖池又叫“鸳鸯窖”，只要你亲自来到国宝窖池边，并有幸恰好遇到窖池开启的日子，你便会发现这个神奇的秘密：

泸州老窖明代舒聚源窖池群表面上是些土坑，实际上你若能看到打开的窖池，则会发现每一个坑是由两个小坑组成：一个稍大一些，一个稍小一点，大的相对“伟岸”，被称为“夫窖”，小的显得“娇小”，则为“妻窖”，“夫妻窖”或“鸳鸯窖”的得名由此而来，同时赋予了窖池“长久相伴，不离不弃”之意，更符合中华民族最古朴的阴阳和谐哲学。

天遂人愿，“鸳鸯窖”传承至今，一直以来，“夫妻恩恩爱爱，和睦相处，夫唱妻和”，孕育了飘香四海的名酒奇葩，它们的爱巢也成为中国浓香型白酒的摇篮。

※龙泉井水

在国宝窖池旁，有一个小亭，亭下有一口井，这便是传说中的龙泉井。井口旁边有一石碑，下面趴着一只石雕的“大乌龟”。好端端一只“乌龟”怎会出现在石碑之下？云游四海，探访古迹的人们，不妨从这些不为人所注意的细节中，找寻一些中华文化在博大精深之外的朴素哲理：

此“龟”名为“霸下”，是龙的九子之一。关于龙生九子的传说，有很多版本。最耐人寻味、值得推敲的正是明代关于刘伯温的那段“奇幻神话”。

话说元末明初，天下大乱，民不聊生。上天动了慈悲之心，派遣天将刘伯温转世人间，辅佐帝王治理国家。秉着“枪杆子里面出政权”的理念，刘伯温还得到了龙王

【龙之九子之常见版本之一】

老大囚牛，爱好音乐，遂出现在中国古代乐器之上；
老二睚眦，爱好打斗，遂出现在中国古代兵器之上；
老三嘲风，爱好打望，遂出现在古代建筑屋角之上；
老四蒲牢，爱好钟声，遂出现在古代大钟之上；
老五狻猊，爱好烟火，遂出现在香炉之上；
老六霸下，爱好负重，遂被压于石碑之下；
老七狴犴，爱好诉讼，在衙门正堂两边；
老八负屃，喜好斯文，盘绕在石碑头顶；
老九螭吻，好吞物，有鱼型尾，在中国古代建筑上起“消火镇宅”之用。

龍
泉
井

国窖1573酿造水源——龙泉井。

九子的武力支持。刘伯温携龙的九个儿子，转战多年，帮朱元璋打下了天地，又辅朱棣当上了皇帝，算是功德圆满，想回天庭写述职报告。怎料，朱棣的野心太大，动了贪念，要诈欺骗龙之九子之一的霸下，说："你们想走，可以。你的力气大，再帮我背个碑，背得动，你们就走，背不动，就乖乖跟着我继续混。"

霸下背上了神功圣德碑，但无法移动。朱棣的阴谋得逞了，龙九子没有走成，但是作为报复，从此都不现原身。

朱棣虽然留住了九龙子，但得到的仅仅是九个塑像般的神兽。刘伯温得知此事，也弃朱棣而去，脱离肉身返回天庭，朱棣此时才后悔莫及。

显然，这只是一个神话。但神话之中却包含着哲理。大自然可以给予人类帮

【龙泉井水的传说】

传说一位善良的老樵夫，为生活所迫，不得不每日出没于深山砍柴。一日晚归，忽见白、黑二蛇相斗，白蛇弱小，黑蛇粗大。老樵夫心想：人间恃强凌弱、以大欺小之事，屡见不鲜，未料蛇中亦有此事，于是挥斧将黑蛇砍死。返家时，天色已晚，途中忽见一线光明，循光而去，则见一座宫殿，一白发白髯白袍长者，自称君龙，将老者迎入殿中，设宴摆酒，醉中分别，并赠美酒一瓶。樵夫醉归，将抵家时被门口井栏绊倒，怀抱的美酒亦掉入井中。樵夫顿时醒来，忽觉井中酒香扑鼻。从此樵夫改行以酿酒为生，这井水酿出的酒，清洌甘爽，远近驰名，就是后来泸州老窖的"龙泉井"。

以龙泉井水酿出之天赐佳酿。

助——龙之九子会帮助人类；但人类如果不知感恩，贪得无厌，就会失去大自然的庇护——朱棣的贪念导致其失去了“超能力”。

现代科技的高度发达，总让人类产生可以违背自然规律的幻觉。但是当人们遭受各种天灾，各种由于违背自然规律导致的人祸的时候，才会幡然醒悟：人类只能与自然和谐相处，不可能驾驭自然。对大自然，要心生感恩，顺势而为，切不可贪得无厌。

看看匍匐在沉重的龙泉井石碑下，动弹不得的霸下，无时无刻不在提醒我们：“人对大自然，要心生感恩。”

舒承宗是明代人，他在选址建造“聚舒源”的时候，可谓动了极大的心思：既要考虑对酿酒有利的水源，还要考虑水源的便捷性，最后还要根据窖池当地的自然风貌、地质环境预见泉水的源源不断，不枯竭。很难想象，在当时没有微生物学，没有地质学的情况下，舒承宗是如何兼顾这么多酿酒因素，甚至还具有前瞻性和预见性的？国窖能沿用至今，可以毫不夸张地说，是舒承宗这位伟大的创始者的智慧的延续。

这几口国窖就建立在龙泉井水的旁边，不足百米，这保证了在酿酒的过程中，采取水源的便捷性。这点不足为奇，因为龙泉古井很早就被用于酿酒，在当地民间有着美妙的传说。

当时用于酿酒的井水，以龙泉井最好。当时流传的“酒窖比井多”，反映了井也很多，但以龙泉井名气最大。

在古代，没有自来水，民众生产生活的取水绝大多数来源于江河之水、井水，而井水作为地下水资源，是仰仗于地上渗透到地下的。也就是说，井水所处的地理位置

【重修龙泉井碑】

清嘉庆年间，因重修龙泉井而立“重修龙泉井碑”，碑上记载了泸州人与龙泉井的深厚情谊，此碑现保存于泸州老窖博物馆。

和当地的植被环境等，决定此井水资源是否丰富。

龙泉井水周围，地势有缓坡，周围的植被丰富，从参天的古树到藤蔓植物，再到地衣苔藓，应有尽有……丰富的植物根系，可以为地下水的保持、可持续性发展，保证源源不断的后续力量。

龙泉井不远处的“甘泉井”也很有名，但随着自来水的普及，80年代被填平。

泸州当地多年的古井，随着时代的变迁多为废弃，甚至也有不少枯井。而国宝窖池旁的这口龙泉井水至今依旧还有清洌的泉水，用于酿造佳酿，与中国第一窖交相辉映，不得不使人由衷地发出赞叹。

泸州当地人的生活用水和酿酒用水，都取自该井中，因此对龙泉井水亦有着深深的感情，除了用作佳酿，以前的人们还有一个传统习俗，则是在孩子满月之时，取一碗龙泉井水给孩子喝，据说得了龙泉井水的滋养，小孩不仅不容易生病，还能在日后有好酒量。

关于龙泉井，有一重要文物便是清代嘉庆年间重修的龙泉井碑文——《重修龙泉井碑》，文字已不全，但还能看到此碑是以泸州老窖“舒聚源”作坊重要传承人为首集资所立之碑，表明在清嘉庆时期，舒聚源在泸州城区已是著名的酿酒作坊，泸州大曲酿造用水正是采用此井之水，又因其水质优良，当时已有供不应求的现象。

虽然年代久远，很多文字已斑驳，但碑文上记载的却是说明当时泸州人与龙泉井不可割舍的感情。其中最有趣的记载为，市民们经常为取井水而纷争不断，某个人因为个子矮小，无法挑水回家还受到妻子的责骂，不禁让人莞尔。

直到1985年，龙泉井被评为市级文物保护单位，政府才将该井封印，不能作为市民生活用水，旨在保护老窖酿酒用水。保证了龙泉井水作为酿造老窖美酒不可或缺的原料之一的可持续性发展。

取之自然，而不滥之。

水是生命之源，现代人打开水龙头，就有源源不断的清洁水可用，似乎是很易得而廉价的资源。但我们也都知道，直接用自来水养金鱼，鱼会死。因为自来水中含有用于消毒的氯。而真正有益于人体健康的水，比如法国的某些瓶装矿泉水，并不便

【龙泉井水为何适宜酿酒】

龙泉井水，泉水清洌，饮后唇齿留香，经专家分析，井水清澈透明、口尝微甜、呈微酸性、硬度适宜，能促进酵母的繁殖，有利于糖化和发酵。

宜。其中法国路易十四国王的专饮矿泉水Chateldon，正是因为其富含人体必需的矿物质及其稀缺性，而成为奢侈品。

任何一种天然的物质，一旦稀缺，就会从必需品升级为奢侈品，顶级的矿泉水，代表着的就是一种地位、一种品位。

《红楼梦》中，妙玉用雪水沏茶，这种讲究与品位，暗含的正是她非同一般的出身。

在烹茶中，古人讲究："其水，用山水上，江水中，井水下。"尤其推崇"雪水烹茶天上味。"

饮茶与酿酒都是离不开好水。

古人根据传承的经验，发现了良泉的妙处——酿酒。井水资源并不稀缺，而真正品质较好，适合酿酒的井水，尤其能几百年不变地持续存在的井水，并不多见。从这个意义上说，龙泉井就是一种延续了几百年的宝贵"资源"。

随着环境的污染加重，城市中的雪水、雨水、江河之水，都不再益于沏茶，当年妙玉的那份风雅趣致，亦仅存于遥想；而从明代延续到如今的龙泉井水，背靠凤凰山，山上百年以上古木参天，尤其以名贵的樟树众多，周围没有工业污染，通过大地与植物的多重渗透，富含矿物，水质柔和，依然清冽，滋养老窖，酿造出弥足珍贵的顶级好酒，人们选择国窖1573酒，还能品味到传说中的顶级美酒原本的风貌。

摄影© 胡大田

【国窖1573·红爵】

摄影©胡大田

【国窖1573・V5】

龙泉井水，成全了老窖酒始终如一的非凡品质：源自自然，重质不重量。源于自然的精华，是有限的，我们不能贪得无厌。

四百三十余年的明代老窖数量有限，龙泉井水也仅为一口，所能产出的让人浑然忘我的美酒佳酿，更为稀有而珍贵。

被压在龙泉井碑下的龙之九子之霸下，动弹不得，言语不得，却也在向世人警示着人与自然的和谐相处之道。

※天然窖洞

静修之道

David在纽约曼哈顿的第五家餐馆MaPeche马上就要开业了，但他的身影并未出现在富豪云集的地区作准备作宣传，而是舟车辗转，到了一个偏辟的寺院，去“悟禅”……

不知从何时开始，在繁华大都市的上层精英群体，悄无声息地吹起了一阵“静

修”、“悟道”、“悟禅”之风。与一般白领在瑜伽班报名“冥想”不同，精英们会利用自身的经济优势，选择远离尘嚣的僻静之所，或是寺院，或是修建在静谧之处，风景绝好的高级养生会所，通过不同方式的“静修”，获得心灵的力量。

静修，看似与“偷懒”、“打盹”无异。但实际上，人们通过静修可以达到放松身心、提神醒脑的作用，尤其是选择僻静、风景颇佳的地点静修，可以让人远离声光电各种污染，真正做到“心静”，进而还能从大自然中获得能量（氧气、水气、阳光）。

与诸葛亮“躬耕于南阳”的高调“静修”不同，与陶渊明“悠然见南山”的避世“静修”有异，社会精英们的“静修”，是为了让自己的身心通过静修，获得“宁静致远”，以成大器的力量。

David通过“悟禅”，不仅缓解了工作上的巨大压力，还迸发出了灵感，为自己餐馆的菜谱上增加了几道独具创意的素餐。

在高档商务宴请中，品尝着国窖1573酒，挥洒才情与智慧的各类精英们可否知道，自己杯子中通透如少女情怀的酒，也是历经了“静修”之道。

白酒，如果不“静修”，品质再好也是一介莽夫：口感刺激、辛辣、欠醇厚、欠

摄影◎杨宇更

天然山洞中陈藏近百年的老酒，酒坛上已长满酒苔，见证着山洞中的百年时光。

柔和。刚酿造出的原浆白酒的酒精度数在70° 左右，若是直接饮用，必然是像喝了一团火般难耐。源于新蒸馏出的白酒，酒精分子与水分子的缔合还不够，就好比新上任的高管，有能力有经验，但最初总是要与自己的团队进行调试，其间产生摩擦与不愉快，并不奇怪。

利用天然藏酒洞藏酒的妙处在于白酒的老熟。酒是陈的香，通过储存陈酿，白酒会愈久陈香。这个缓慢的陈酿过程，可增进乙醇分子与水分子间的缔合作用,同时使香味成分发生氧化、酯化和还原等作用，使口味变得绵软，增进爽口,使香气浓郁,口味醇厚，变得有厚重感。

时光缓缓流逝中，乙醇在醇酸酯化的过程中，形成新的酯类。酯类就是芳香物质，相当于我们平时提炼的精油。白酒窖藏时间越久，产生的酯类越多，酒就愈发香气四溢。洞藏三十年的基酒，甚至有类似香水的美妙气息。

一言以蔽之，白酒通过窖藏内的“静修”起到了除杂、醇化、生香三大作用。

【纯阳洞大门】

纯阳洞——泸州老窖三大天然藏酒山洞之一。

泸州老窖每年春分的祭酒封藏大典上，所封藏之春酿原酒。

祭祖鉴酒后，将原酒抬入天然山洞中陈藏。

静静修炼，只待一鸣惊人

国窖1573因泸州有机糯红高粱作为原料基础，加上传承六百八十多年的古法酿造技艺，以及千年不断滋养这一方土地的龙泉井水而拥有了绝对的纯正血统，又具备特有的酒曲和四百多年老窖窖池遗传了优良的基因，可以说，在刚蒸馏出的每一滴酒液里都流淌着高贵的气质。

但是，璞玉尚且需要打磨，国窖酒若要真正成为无上尊品，尚需静修。

静修最讲一个“静”字。而泸州郊区的天然洞穴成了为“他”量身打造的静修试炼窟。

相比较一般的仓库、人工搭建的建筑厂房来说，天然洞穴是不可多得的福地。收藏葡萄酒的不惜花巨资，打造地下室作为酒窖，就是为了创造一个恒温、恒湿、无振动的环境。源于这种环境最大程度上保证了酒体在醇化的过程中，不被打扰。

而天然的洞穴相对地下室，更为稳定，可遇而不可求，更为稀缺。

“5·12”大地震时，四川某著名酒厂储放基酒的厂房受到地震影响，装在酒坛里多年的珍贵老酒不幸“遇难”，令人痛惜扼腕。然而泸州老窖的洞藏酒，毫发无损。不能不感谢上苍在赐予泸州美酒的时候，还额外恩惠了如此的藏酒佳地。

看似沉睡了多年，其实一直没有停止“修炼”

浮躁的社会环境下，能找到时间去静修，或者自我提升的精英是令人肃然起敬的。只有自身懂得宁静致远的真“英雄”，才能品味出国窖1573酒在洞内静修了5年的意义。这个凡事都提倡速成的时代，甘于坐冷板凳，韬光养晦，厚积而薄发的人才无愧于好酒的漫长等待。在那些一夜暴富、盲目跟风的人狂饮滥喝芝华士兑绿茶、红葡萄酒兑雪碧的时候，能静下心来，浅酌一口蕴涵天地精华的好酒，细细品味佳酿的历史厚重感，让舌头与精神都获得释放的人，方为这个时代的“异类”，也是彰显独特气质的社会精英。

民族的，才是世界的。

可以品味的历史，其中滋味，你可知?

脱胎换骨

白酒的洞藏好似修仙成道，在洞窟内酒体得以吸大地之灵气、返璞归真、效法自然，达到升华的顶级状态……不妨滴一滴国窖1573酒在手背上，然后感受一下酒体特有的嫩滑柔软如丝绸的触感。

用天然洞库贮存白酒，在中国仅有泸州老窖、古蔺郎酒、桂林三花三家。泸州老窖拥有三个天然的藏酒山洞："纯阳洞"、"龙泉洞"和"醉翁洞"。

每个美丽的洞名背后都有一个神奇的故事或佳话。

说起自然造化的山洞，多数现代人对此已无亲切之感，最多能想到北京的山顶洞人。但是对于还没有掌握建筑学必备知识来建造房屋的原始人类而言，天然形成的巨大山洞无疑是 "天赐"的安身立命的绝佳场所。山洞不仅可以遮风挡雨，还冬暖夏凉，原始人类只要在洞口那唯一的必经之地上燃起一片火光，即可驱散不良企图的野兽，真是万全的"居所"。因此，全世界范围内，很多天然山洞内都陆续发现了原始人曾经生活过的遗迹，尤以岩画居多。

【纯阳洞的传说】

纯阳洞以吕洞宾的别号命名。八仙中吕洞宾、张果老、韩湘子都为泸酒留下了美丽的传说，尤以"吕洞宾醉卧古江阳（泸州古称）"最为有名，还有"张果老葫芦沽美酒，众仙醉倒东方白"的传说。

吕洞宾醉卧古江阳：

泸州城内一对酿酒的夫妻，年近四十，膝下无子，于是带着自家酿的好酒，去烧高香拜佛求子。酒香惹来了其他嘲笑这对夫妻的人："求佛谁会带酒？"也引来了好酒的吕洞宾。吕洞宾化作一个白发老人，用一篮子素果，换到了这对夫妻所带的美酒。吕洞宾在江边喝酒，喝到大醉，被人误以为死去，众人便求观音超度。观音见是吕洞宾，将净瓶中的神水洒了几滴。吕洞宾如梦初醒，驾起云头口中唱道：

满眼江流酒一杯，
古人多少醉尘埃。
前人方去我复至，
我去后人还复来。

此传说不可考，但在泸州城内建有一个小亭，为"洞宾亭"，石岩上还刻有吕洞宾之像，两旁对联为：

醉月临江酣万古，
活人感梦被三泸。

张果老葫芦沽美酒，众仙醉倒东方白：

张果老好酒，一次在泸州用随身带的酒葫芦装满了泸酒，本想私享，不料被韩湘子与吕洞宾识破，用偷梁换柱之计，八仙一起分享了美酒。酒酣之时，韩湘子吟诗：

泸州城下龙泉碧，
泸州城内多酒客。
果老葫芦沽美酒，
众仙醉倒东方白。

摄影◎木头

【龙泉洞大门】

龙泉洞位于凤凰山脚，因洞口前有历史悠久的龙泉井而得名。数百年来，泸酒人用龙泉井酿制老窖大曲，并将新酒储存于龙泉洞自然老熟，井与洞相得益彰，是除了1573国宝窖池群之外的另一处天地造化奇观。正所谓：凤凰山麓万里溪流闲送碧，龙泉洞中一帘风月独飘香。

随着人类对于工具使用的不断进化，终年不见天日、四季潮湿的山洞，显然已不能满足人类的需求，山洞这一居所逐渐被木质或石质的房屋所取代。由此，山洞逐渐淡出了人类的视线，偶有小说或是传奇描写到山洞，或是世外高人的修炼场所，或为失传的宝藏的隐秘密室……曾经给予人类庇护的山洞，被蒙上了一层神秘的面纱。

现代科技发达了，山洞不再神秘，研究人员还原了山洞的真实面目：山洞内四季恒温恒湿，冬暖夏凉，终日不见阳光，空气流动极为缓慢，温度常年保持在22℃左右，湿度常年保持在80%——95%之间。如此的高湿度和不见光性，纵然冬暖夏凉，却也不适宜人类居住。那么天赐的山洞就没有其他用处了吗？

有存酒经验的人，看到山洞的这些特质，一定会为之一振，心中了然：恒温、高湿、不见光……这都是存放酒类的最佳环境！

于是，有着多年酿酒、存酒经验的泸酒人没有浪费“纯阳洞”、“龙泉洞”、“醉翁洞”这三大天赐的存酒“密洞”。

稳定的洞内环境，有助于在其中存放的白酒自然醇化，因为恒温，酒体不易浮躁；因为高湿，酒的挥发相对减少；没有日晒，酒质得到了保证；最重要的还在于，洞内终年不受外界的“打扰”，酒体的醇化过程得到了“恒定”的维护。若是一般的厂房存酒，温度湿度不好控制不说，就是人为来回的走动、细小的震动，对于酒体也具有不可忽视的破坏性。这三大天然藏酒洞，不仅是泸州老窖数百年积淀“基酒”的藏身之迷，更是国窖1573酒超凡脱俗的修身之地。

山洞，不再适宜人类居住，但是依旧为人类尽着一份“自然的眷顾”，对于泸酒人来说，更是对美酒的一种天然恩赐。

天时地利给予了泸州老窖三个山洞，泸酒人也发挥了人和之力，将“自然醇化”进行到底，对于醇化美酒的器皿也颇为讲究。

国窖1573原浆酒在洞库内用陶罐密封贮存老熟，陶罐系用陶土经高温烧结而成的陶瓷贮酒传统容器，其特有的微孔网状结构，保证了环境对酒体的不断滋养，酒体内不利于人体健康的物质也通过微孔通道渐渐消散。

用陶罐贮存酒液，与用陶罐煮汤比不锈钢美味一个道理。源于陶罐富含活性金属离子。天长日久的酒体浸润，陶罐本身所含有的钙、镁、锌等微量矿物元素离子溶解到酒体中，与酒体中的有机酸成分形成可吸收利用的“活性”矿物元素络合物，为酒

【醉翁洞的故事】

醉翁洞地处泸州小市，隔沱江与城相望，背倚着三华山，面临沱江水，风景秀美，市面繁华。醉翁二字得名于唐代诗仙李白，其一生诗风豪放，钟情美酒，喜好周游天下，约在唐玄宗天宝初游经泸州，豪饮泸酒，后回长安作有《蜀道难》一诗，流芳百世。安史之乱中，李白流放夜郎，再过泸州，与泸州再续前缘，后人为纪念他，将此洞称为“醉翁洞”。

增香助了一臂之力，同时也使得国窖1573酒更有益于人体的健康。

酒是陈的香。

国窖1573酒需要在天然洞库内，以陶罐贮存陈酿达五年，而用于对国窖1573酒酒体画龙点睛的调味基酒，则需要在天然洞库内，以陶罐贮存三十年以上甚至长达百年，即所谓的“陈年老酒”。泸州老窖拥有的天然藏酒洞不能不说是上天赐予大曲酒发源地的贮酒宝洞，堪称中国白酒的“液体黄金库”，成就了国窖1573酒的洞藏文化，亦是它身价非凡的又一奥秘之所在。

道家养生

提及中国本土的道家阴阳五行学说，有人会狭隘地想到房中术。其实，房中术相当于现代的生理卫生知识，或是性爱科学。殊不知博大精深的中医理论体系中始终贯穿有阴阳五行学说。道家养生的宗旨最重要的就是“阴阳平衡”。

举一简单易懂的例子，比如中医提倡要食用当季的蔬果，最为有利人体健康。夏天是属阳，西瓜则为阴，在酷暑时节食用西瓜，就在人体内产生了平衡之法，寒性的西瓜可以驱除暑气，也就是西瓜解暑、消渴之食用功效；相反，如果在冬天吃反季的西瓜，则打破了阴阳平衡的法则，引起胃痛等症状也就不足为奇了。

有心人不妨仔细观察一下道家的阴阳八卦，中间连接阴阳鱼的那条曲线，意味深长。阴阳的平衡是动态的，有变化的，故不用僵硬的直线来表示。

酿酒师也许不懂阴阳平衡的书面道理，但是却在酿酒过程中运用了这一原理：他们在师传的古法酿酒技艺中发现，明明是“低温入窖，缓慢发酵”，酒糟进入窖池后，通过微生物的作用，竟会渐渐发热，甚至达到35℃的发酵高温。用于封印窖池的窖泥上也会在表面慢慢形成一些小气泡。阳气是上升的热量，所以出产的固态发酵酒会呈现“极阳”的状态：酒烈，辣喉，容易上脸上头（阳气上冲）。

曾有20岁出头的小伙子，不知其“原浆”之“凶险”，只觉得闻起来有粮食的香味，便一饮而尽一大杯刚蒸馏出的烈酒，顷刻，便开始流鼻血。从阴阳平衡来说，这就是破坏了人体的平衡，故出现了不适应。

烈酒，在中医看来，都属于“阳”性，饮用不当，便会“损阴”，打破人体的阴阳平衡，产生健康隐患。喝酒之人都有亲身体验，喝多了烈酒（包括白酒、威士忌、白兰地、伏特加等），就会有口干舌燥的感觉，便是佐证。

摄影◎木头

藏于洞中历经岁月的老酒们。

上品泸型酒，之所以能好喝不上头，还不易口渴“损阴”，在于原浆经过了长期的“洞藏”，阴阳产生了变化，达到了平衡。

在宋代，泸州便有了“大酒”，和烧酒已经非常相似，但那时大酒口感不尽如人意。直到明代洪熙年间的施敬章，发明窖藏陈酿法，才使泸州大曲的品质得到飞跃。而经过贮存的酒，往往价格也更昂贵。现如今，有了天然山洞的存在，泸州的好酒有了最佳的阴阳平衡之修炼“道场”，更对得起自己尊贵稀有的身份。

天然山洞一直被誉为极阴之地，原本呈现“极阳”状态的原浆酒，在僻静的山洞中，缓慢地与空气进行交换，酒体中具有阳性气质的生烈、燥辣、冲鼻等元素，逐渐从酒体中分离；而洞中极大的空气湿度，还有贮存酒的容器——陶罐中的某些阴柔气质的矿物质，还有一些神秘的生香物质，却丝丝渗入了酒中。原浆酒在不断的自然造化中，从血气方刚的小伙子，蜕变成儒雅的中年人，褪去尘杂，终成大器。

品鉴泸型酒的时候，不经意间就会为其特别气质所吸引。一般来说，白酒属阳，而泸型酒的品质却是柔美异常。若按照法国左右岸酒的性别划分，只是形容其为“女

摄影◎胡大田

【国窖1573·中国品味】

性化”的酒，则又有失偏颇。

泸型酒是浓香型白酒的典范，故初闻泸型酒，其张扬的香气是有“煽动性”的，让你闻之则不能自已，恰似遇到了一位多年不见的故交，热情洋溢地劝你：“兄弟，喝吧！”

待你小酌一口，泸型酒的绵软酒体又让你感到浑身一阵放松，却像怀抱着暖玉温香般酥痒无力，泸型酒的柔美让你不知不觉就会有与佳人幽会的错觉。

不知不觉，一口泸型酒滑过了舌尖，淌进了喉咙，肠胃顿时温暖如冬日的阳光照射般……这个时候，你又觉得遇到的是一位真性情的汉子：真挚、热烈、诚恳。

上品泸型酒，就是具有这般阴阳平衡的超凡特质。

笔者认为，天下武功，最高境界不是纯阳的少林“童子功”，亦非纯阴的“九阴白骨爪”，而是东方不败从极阳转化为极阴所练就的《葵花宝典》。若有人想通过喝白酒，练就阴阳同体的不破身法，没有专业人士的指导，怕是会落得“就算自宫，未必成功”的惨痛境地，此为玩笑。

可以说，上品泸型酒，之所以能独步中国白酒武林，闲庭信步，就是遵循了道家的阴阳平衡之道。阴阳平衡之道，之于白酒，就是一种符合自然规律的酿造、陈酿过程。

泸型酒与道家的养生之道，是酿酒人的有意为之，还是无意偶拾，不可究。但谁也不能否认道教对于泸型酒浑然天成品质的千丝万缕的联系。泸州当地流传着各种道教八仙的传说；泸州当地很多建筑以道教命名，在泸州现存的清代百子图浮雕墙上，我们不仅可以看到各种生动有趣的酒事：或酿酒、或敬酒、或饮酒后载歌载舞……还有一个醉醺醺的小人，脚下踩着一把宝剑——“八仙过海各显神通”中的吕洞宾正是依靠此宝剑乘风破浪。

酒是杯中物，是饮料，只有饮之才能实现其价值。但是喝酒论酒，则会显得单薄无力。因为酒这种介质，是粮食的精华，还可以做药引，可以消毒，可以料理，可以酒壮英雄胆，可以斗酒诗百篇，可以杯酒释兵权……更多的时候，我们通过喝酒，还

【法国波尔多左右岸酒的性别划分】

波尔多左岸的风土环境，造就在这里适合大面积种植的赤霞珠，混酿少量的梅洛、品丽珠等；而赤霞珠的单宁较重，所以左岸的酒被誉为比较男性化的酒。相反，波尔多右岸以酿造梅洛为主的葡萄酒，梅洛相比较赤霞珠，单宁不重，酒体更为丰满，故右岸的酒被称为女性化的酒。

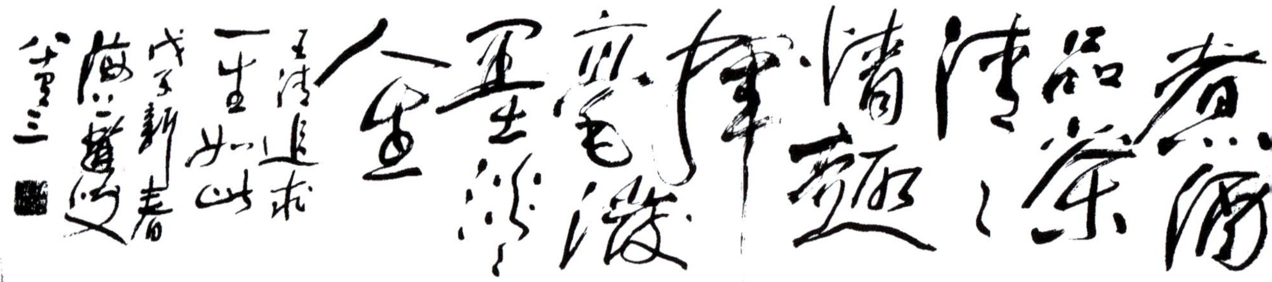

能感受到酒所承载的文化和文明，因为特有的文化与文明也溶解在了酒这种有机溶剂里。如果说西方的葡萄酒代表着修道士对于上帝的虔诚的话，那么中国的白酒，则与根植在当地的本土文化息息相关。尤其是泸型酒，为什么会从酿造出的极阳状态的原浆，蜕变成洞藏后阴阳调和的上品佳酿？究其根源，源于当地的文化与道教的不可割裂，对人与自然的朴素认知：天地人。和谐相处的根本——阴阳平衡之大道。

道可道，非常道。

道的根本，也就是遵循自然规律。

泸型酒正是遵循了自然规律，用当地特产的糯红高粱，用当地特有的龙泉井水，用当地的微生物发酵，用延续了四百多年的古窖池发酵，用天然的洞窟进行陈酿，用传承数百年不断臻于完善的古法，酿造出了顶级的美酒——国窖1573酒。

品味国窖1573酒，其意义在于你既能品尝到源自自然的佳酿，也能品味到历史的沉积，更有对当地文化与中国传统文明的敬仰。

你喝到了的、你身体接受到了的，只是美酒带给你的身体与感官的愉悦状态，而你的思绪和精神，却会被这杯中的美酒带往“思接千载，神游万里”的飘然境界。

家用藏酒

嗜酒之人中，不乏在家中囤积好酒，待到酒逢知己，或是人生重大时刻，开瓶畅饮，或怡情，或助兴。有囤酒经验之人也会发现，白酒经过五到十年的存放，酒液会

减少，白酒原本的透明色泽也会逐渐变成淡黄色。

酒本是植物精华，但酿成之后却成了“动物”，酒体会随时间的推移产生变化，就像是在生长一般，如果藏酒条件欠佳，稍有不慎，则弄巧成拙。

白酒的贮存条件，首先是避光，其次是恒温恒湿，最后是避免震动。这与葡萄酒的存放有异曲同工之处。收藏葡萄酒的人，多数都是自己家建造地下酒窖，或最不济也要有几个电子酒柜。然而，自家有酒窖的人少，且经常因为渗水问题弃之不用；酒柜的最佳寿命则不超过五年。

泸州老窖便为爱酒、懂酒、收藏酒的人士，提供了天然洞藏的服务。泸州老窖的高端定制酒，不仅可以从源头的糯红高粱、酿酒的窖池、酒体设计大师的选择等条件上推出高端定制服务，还最终提供了“洞藏”的便利。你可以实地参观“纯阳洞”、“龙泉洞”、“醉翁洞”。喝一喝那里洞藏的老酒，感受一番那僻静的氛围，给你的爱酒选一处修身之地，待到人生的重大时刻，再请酒出山，彰显你独特的品味。

天然的酒洞，比起一般的地下室或是酒柜，更为恒温恒湿、避光，还能最大可能地减少人为干扰对酒体产生的破坏。酒，在酒洞里洞藏，不仅延长了酒的寿命，还能对酒体变化起到积极的作用。正如现在制作国窖1573酒所使用的洞藏三十年以上甚至一百年的调味酒，老酒的酒体浑厚，香气复杂，绝非一般新酒可比。

在这里，你可以为家中的千金存一款女儿红，待到她出嫁时，拿出来与众亲友品尝；也可以为儿子存一款状元红，等他高考中第或是事业有成时，开坛庆功；更可以选一款酒，按照你与爱人的结婚纪念日存封于洞中，待到银婚金婚时，见证你们爱情

的天长地久；当然，你也可以什么都不为，就为了日月同辉的好酒，存在洞中，心中有所挂念。毕竟对于好酒之人来说，存什么都不如存好酒，在洞内藏酒，不仅保证酒的品质，还可使酒的价值得到保值、升值。

假使某些条件不允许，不得已只能在家中存放，则需要注意：最好将白酒在密封的情况下，放入家中相对避光，阴凉的房间中；存放酒的柜子一定不能是玻璃门；而柜子的材料不可为有香味的木料；柜子中亦不可有带有气味的物品同存；最后，不要经常挪动白酒。

如果你长途跋涉，带着好酒去异地分享之，最好等白酒静置一段时间（半天或几个小时）再开瓶，否则经过颠簸后，酒体与人一样，会“晕船”、“晕车”，酒体会出现“酒水分离”的寡淡感，好酒尤其要悉心呵护，这点适用于各种美酒。

摄影◎杨宇更

※舌尖上的艺术

人生导师

1955年夏日的一天，糯红高粱在田里尽情地吸收着阳光，制曲房内的一块块刚踩制好的曲药进了暗房，老窖窖池边的工人挥汗如雨地翻动着酒糟……泸州城内还是酒香四溢，烈日缓缓落下，江边已经有人坐在搬来的桌凳上与家人喝酒吃饭了……

这看似平常的一天，临近夕阳西下之时，却在藏酒山洞处出现了一个使得泸州老窖酒产生质的飞跃的“重大发现”。

陈奇遇，作为泸州老窖酒厂的质量负责人，在临近下班前，正与同事们小心翼翼地整理酒洞里的藏酒。常年藏于洞内的老酒是不能轻易挪动的，但质量科的人会经常去查看酒体的变化，检测酒质，或将新酒注入已空的酒坛陈藏。在一个角落里，陈奇遇发现了一只只残存了一点老酒的酒坛，按照惯例，这种酒应该被腾在较小的酒坛里，但不知为何，陈奇遇突发奇想：“为什么不试试直接把新酒倒进去，试试酒体会不会有变化，毕竟，这个坛子只剩一点底子了。”

为了保险起见，陈奇遇最初在同事的协助下（酒坛巨大，非一人之力可搬动），倒了一点新酒在老酒坛里……怀着忐忑不安的心情，陈奇遇舀了一点混合了老酒的新酒。

“啊！”陈奇遇抑制不住内心的喜悦，素来严谨的他，忘记了在酒洞里工作不得

摄影◎于云天

【陈奇遇发现白酒勾调技术的藏酒山洞】

大声喧哗的纪律，喊了出来。

陈奇遇的那一声因美酒引发的惊呼，并没有打搅到在此修炼的陈酿，而是由此发现了现代白酒的“勾调”技术——用洞藏多年的老酒调配新酒，能让酒质变得更好，既有老酒的醇美，也有新酒的活力，相得益彰。

这种“新旧搭配”的勾调技艺，现在已趋于完善，自泸州老窖开始，逐渐在中国白酒行业成为了通行的法则。

为何这种“新旧”搭配能产生这样神奇的效果呢？

这不由让人想到了大仲马的著名小说《基督山伯爵》，男主角堂泰斯被人陷害，打入了死牢，本来永无翻身之日，却有幸遇到了狱友法利亚神甫，神甫不仅传授给他各种知识，还告诉他藏在基督山上的一处宝藏。堂泰斯越狱后，利用宝藏带来的财富及丰富的知识，快意恩仇。法利亚神甫就是唐泰斯的人生导师。

而洞藏了几十、上百年的老酒，无疑也是新酒的“人生导师”。

对于人来说，一位阅历丰富颇具智慧的年长者，可以为涉世不深的年轻人指明前进道路的方向。教学相长，通过为年轻人当“引路灯”，人生导师亦会从年轻人身上看到自己曾经年少的身影，接受新鲜的事物，拓展视野，重拾新鲜的生命活力。

摄影◎杨宇更

在静谧的环境中，味觉的灵感更为丰富。

对于酒来说，洞藏几十年的老酒，早已褪去了各种燥辣杂质，吸尽了天地的灵气，亦可以为新酿出的“躁动不安”的酒，引入稳重的气质，让酒体变得不再那么“浮躁”。力是相互的，老酒在给予新酒沉稳特质的同时，新酒也为老酒注入了新鲜的血液，酒体在这种混合中达到了历久弥新的再生！

酒体设计大师

早在发明勾调技术之前，泸州老窖在酿酒的过程中，已经初具了“混酿”的雏形。早期的烤酒匠（酿酒师）会将同一窖池中用不同母糟蒸馏出的酒进行组合，进行最初的勾调。至于为什么要进行最初的勾调，勾调的比例是多少，当时严守“行业机密”的师傅是不会言传给徒弟的，徒弟只能看着师傅凭借自己的感觉与经验来操作，慢慢摸索。

从陈奇遇的发现之后，白酒的勾调终于作为一门技术被提出，并用于生产实践。根据酿酒大师们的感官品尝，在若干坛酒之间按各种味觉反应，或刚毅、或柔美、或老辣、或稚嫩、或芬芳、或内敛……以人的经验使酒与酒之间按照某种平衡关系进行组合，让一款白酒完美呈现出某种风格，并得到最大程度的完善。这个过程繁杂而枯燥，正如听维也纳音乐会的人，只会感受到音乐的美妙，而演奏者最初的练习却毫无美感可言一般，喝到上品泸州老窖酒的人，并不能体会酒体设计大师们在勾调各种美酒的时候付出的艰辛。

为了使一款上品泸州老窖酒具有优雅、细腻、丰满、醇厚的独特风味，酒体设计大师们在对这款酒进行设计之初，首先要组合基础酒。在这个过程中，纯阳、龙泉、醉翁三洞中存放修炼的酒都会被一一品尝，其工程之浩大，往往要进行短则半年、多则数年的工作。

正如一杯完美的带有“虎斑”的Espresso既需要好的咖啡豆、机器，也离不开经验丰富的咖啡师的纯熟技艺，还得多少凭借一点“运气”，才能呈现在白瓷杯子里一样；一款从质地、到结构、到香气，再到回味都无瑕的上品泸型酒，既要有上好的原浆、长时间洞藏的修炼，也需要酒体设计大师们的精心发掘与尝试，最后还得有一点“灵感”，才能成就一款堪称艺术品的佳酿。

中国酿酒大师、泸州老窖酒传统酿造技艺第二十二代传人沈才洪。

国家级白酒尝评委、泸州老窖酒传统酿造技艺第二十三代传人卢中明。

【经验丰富的老酿酒技师】

20世纪80年代以后，白酒的勾调技术愈发现代化。在验收基础酒的方法上，改变了过去只凭感官逐坛鉴定的方法，采用感官和理化色谱分析的数据来综合验收，从而提高了优质品率。同时为确保浓香型大曲酒的独特风格，缩短各个等级和批次之间的感官、理化指标的差异，改进了勾调组合的方法，掌握了浓香型大曲酒中微量香味成分与酒质的关系，促进了勾调技术的发展。

简言之，中低端的白酒通过勾调技术的精准化，走向了稳定高效的生产流程。

但是对于那些高端的，极具艺术气质的上品泸型酒，则还是依照传统的酒体设计大师们的个人灵感或团队协作来完成。毕竟，再精湛的技术和机器，也无法承载灵光一现的个人感悟。尤其对于高端定制酒来说，个性，就是一种无法量化的特质。

正如一般人，觉得在公共场合与他人撞衫是一种尴尬的经历般，用香水的人则更忌讳撞香。有独特个性的人，总是愿意选择一款与自己特质最为吻合，最独一无二的美酒来衬托其与众不同。

尤其在某些重大的场合，个人的魅力特质，尤为需要彰显。

因此，酒体设计大师们在创作国窖1573系列酒，或高端定制酒的时候，其工作与时装设计师或调香师颇为相似。爱马仕为摩洛哥王妃定制了kelly皮包，又为法国歌星

【国窖1573专卖店专属产品之国瓷系列】

【国窖1573·国礼】

Jane Birkin 定制了birkin皮包；虽然高端定制总与时尚风潮密不可分，但是这些经典却成为后人追捧的个性典范，时至今日，kelly、birkin一直是上流女性趋之若鹜的经典包型。

1996年，泸州老窖的明代窖池被列为国家级重点文物保护单位，进行保护。由此“国窖”得名，也引发了泸酒人的思考。一般的文物保护，或是像故宫博物院专门修建恒温恒湿的地下室对珍贵国宝进行妥藏研究，偶尔挑几件作为展出；或是像保护古建筑群要修旧如旧，最大限度保存文物的原貌；家中有传家宝的人，瓷器也好，家具也罢，都是舍不得用的，束之高阁，偶尔拿出来把玩而已。而源自明代的酿酒窖池，是“活”文物，一旦严加保护，不再使用，则会失去酿酒的功能，变成死遗迹，供人瞻仰。但酒窖的“宝”并不在于一个年代的刻度，而是延续在酒窖里持续不断发酵产生的“微生物”，老窖生香酿好酒。

泸酒人明白，保护老窖最好的办法就是酿酒，让老窖继续焕发生命的活力，也让人们有幸能品尝到老窖酿的美酒，只有这样，活文物的价值才能得到体现，亦是“双赢”：老窖产美酒，美酒养老窖。

只是，1573国宝窖池群每年能酿造产出的美酒，十分有限。怎样才能在保护老窖的基础上，让老窖的美酒价值得到最大化地体现？

国窖，就要体现出国宝的特点：高品质、承载历史、民族特色、弥足珍贵。

于是，在当时的整个社会风气普遍浮躁，多数白酒厂纷纷扩建增产的时候，泸州老窖人逆势而为，潜心研究如何让国宝老窖所产的美酒不愧“宝”之称号。从1996年开始，泸州老窖的酿酒师团队便开始了对国窖酒的钻研。

在此之前，泸州老窖酒是名酒，但更多的时候也是民酒，也就是普通老百姓有口皆碑的好酒。但是要想让人们认识到国窖1573的稀缺性与唯一性，走民酒路显然行不通。正如早期的国货精品回力鞋，在经历了当初的辉煌后，几近销声匿迹，甚至停产，直至被国外资本并购，重新包装上市，成为欧洲年轻人的时尚奢侈之选。

要将民族的瑰宝变成商品销售，如不迎合当下人们的消费观念，要么就是摆在展柜里只可远观的“死”物，要么终会被时代所淘汰、遗忘。

酒好不怕巷子深的时代已经伴随工业革命的机器轰鸣声，结束了。

所以，酿酒大师们把凝聚了老窖精华，体现了国宝的风华绝代的“窖香优雅、绵甜爽净、柔和协调、尾净香长”的国窖酒郑重推出。数百年磨一剑，作为世间少有的稀缺资源（酒窖、技艺），国窖酒选择了一个重要的时刻出现在世人面前——1999年

摄影◎胡大田

的泸州老窖出酒大典，当时仅产1999瓶，其中两瓶分别赠与澳门、香港的时任特首作为珍品收藏，还有一瓶原件珍藏于泸州老窖的博物馆，拟台湾回归之时赠与宝岛台湾。数年后，国窖酒正式更名为国窖1573，继续焕发着自己璀璨的光彩。

正如爱马仕的纯手工定制皮包，等待一块皮革需要数年时光。优质的皮革经过设计师亲自遴选，成为几年后女士们盛装出席宴会时手臂上香包的最优质材料。而泸州老窖的国窖1573酒，等待一口窖池的积累和沉淀何止数年。为了酿造出最顶级的美酒，其作为全国重点文物保护单位的“1573国宝窖池群”自四百三十余年前的明代万历年间便开始持续酿造，愈发生香。直至今日，窖池中不可复制的丰富的微生物群落赋予国窖1573高贵品质和珍惜口感，极致佳酿终于在盛世绽放。

国窖1573酒，不仅血统纯正，且具有非物质文化遗产的倾力打造。自元泰定元年，中国白酒行业的制曲之父郭怀玉发明甘醇曲，开创浓香型白酒的酿造史，泸州老窖酒传统酿造技艺便成雏形。而后，时光变迁六百八十余年，无论是何种艰苦的环境，古代的技艺仍坚持师徒传承，迄今已是二十三代口传心授，从未间断。传承，历

【Espresso】
意式咖啡的简称。“虎斑”是指咖啡豆中的油脂有老虎皮毛般的花纹。

【国窖1573专卖店专属产品之国瓷系列】

【持续酿造四百余年的“活文物”——1573国宝窖池群。】

中國
龍泉水冽山如

摄影◎胡大田

國窖®
1573
國
1573
窖
THE FIRST CELLAR IN CHINA
國
1573
窖
THE FIRST CELLAR IN CHINA

时光洪流而仍保持本真，这本身便是一种弥足珍贵的“奢侈”。酿酒师们用创作艺术品的心态打造国窖1573酒的每一个细节，站在一代又一代大师的肩膀之上，以极具工匠主义精神的精雕细琢，在这个时代创造出泸州老窖属于这个世纪的品牌。

众所皆知，产出拉菲葡萄酒的拉菲堡占地只有90公顷，种植76万棵葡萄树，因平均每棵葡萄树只能生产半瓶葡萄酒，整个拉菲堡每年只能生产葡萄酒30——40万瓶，因其稀缺的资源，在葡萄酒中引领奢侈潮流。国窖1573，囿于百年酿酒窖池的不可复制，每年仅有3000吨原酒的产能，是中国白酒行业里唯一因资源稀缺而限制产量的品牌，比起拉菲而言，其珍贵不在话下。“一杯千古事”，过去漫长的年月里，国窖1573默默耕耘，只为修炼和等待：等待为世人所知，为唇齿间的刹那芳华，久久品味。

国窖1573酒，承载了太多泸酒人的艰辛与厚望。2005年以后，高端白酒作为奢侈品，为越来越多的高档商务人士所推崇，此时的国窖1573酒，以其独特的品质与口感，引无数英雄竞折腰。

成功，并没有让酿酒大师们从此有理由恃功懈怠，相反，酒体设计大师们的创

【泸州老窖年轻的白酒尝评员们正在尝评白酒】

作灵感与这个生机勃勃的时代一样，进入了新的篇章，充满个性的定制酒被独具慧眼的社会精英们所赏识。穿一件高级定制的西装，也许只要一个裁缝用几个月来完成；提一个高级定制的皮包，也许会需要一个工匠花费一年来完成；而喝到一款定制的美酒，你需要自己亲力亲为，去糯红高粱地里选择一块宝地，去老窖窖池里听酿酒师的建议选一口适合佳酿的窖池，去天然山洞中为美酒找一个静修之处，与酒体设计大师不断沟通调配出最适合你的口味，最符合你本人气质的酒……而这个时间会历时好几年，因为好酒需要陈酿，你需要精心斟酌，更需要用时间来见证美酒。人生的成功，亦是历经艰辛，但品尝胜利的果实与品鉴佳酿一样，都是值得我们期待的。

舞蹈家VS.酒体设计大师

泸州老窖酒厂的酒体设计大师团队中，有一位女性，格外引人注目，她气质清纯脱俗，容貌娇美，她叫曾娜，是国窖1573高端定制酒的酒体设计师之一。说到酒体设计大师，人们脑海里显现的都是红光满面的中年、老年男性，没有人会把眼前看到的这位姑娘与酒体设计大师之间画上等号。

【国窖1573系列酒体设计大师：曾娜】

摄影◎胡大田

【曾娜】

她是位优秀的舞蹈演员，更是位精湛的酒体设计大师，她是曾娜。

摄影◎胡大田

国宝窖池旁，曾娜正专心检查窖池发酵情况。

其实，女性酒体设计师出现的历史并不算长，大概不外是近三十年左右的时间。传统的酿酒业，无论在国外还是在国内，都是师徒制，除了是父传子外，一般都是通过酿酒师的筛选，被酿酒师看中的“有慧根”的青年才会被收为徒弟，得到师傅的口耳相传，这种面授的时间往往长达多年，而且堪称朝夕相处，正是因为生活和工作的“各种亲密接触”，使得绝大部分的酒体设计师都不愿意收女徒弟。

另一方面，自古相传女人不准进入酿酒作坊，否则会影响出酒——很多农耕文明的国家普遍存在一种迷信，就是认为女性是“污秽”的，特别是生理周期的月事，尤为不洁净，甚至在现在一些偏远落后的地区，农民还相信被女性跨过的农作物会生长不佳。再加上传统的酿酒间都没有专门为女性设计的卫生间，要加建又得花费很多基础设施方面的经费，因此酒庄（酒厂）方面也觉得没有必要。

然而泸州老窖酒厂，大胆使用新人的政策之风，恰好被曾娜赶上了。曾娜的父亲曾在泸州老窖酒厂工作，所以曾娜从学校毕业后，至于1996年进入公司，在公司做过讲解员、质检员、化验员等工作，1998年公司内部尝评员招聘，曾娜一直觉得这个工

【曾经的代表作 国窖1573·中国品味】

摄影◎余雷

作很神秘，很感兴趣，报名参加了考试，没想到竟然顺利过关，进而一步一步，成为了国家级白酒尝评委。

酒体的设计与勾调，是一种机器无法量化的艺术，然而从事艺术创作，首先必须得有天赋。曾娜作为一名女性，有着比男性敏感的嗅觉与味觉，多年练习舞蹈表演的经验，又额外赋予了曾娜对于艺术创造的更多悟性与感悟——那就是感情。比如舞蹈演员，在表演一个角色的时候，舞蹈基本功的精湛技术不可少，但只有准确无误的舞蹈动作而缺乏对角色感情的演绎，则无法挑大梁成为主角独舞，最多是众多伴舞中的一员，只是舞者，而非艺术家。正是因为对酒有着与生俱来的感情，所以曾娜在外人看来严肃、乏味、枯燥的工作中，即便遇到重重困难也从未放弃，反而能将磨难看成是一种对自己的修炼。

酒体设计一词，很容易让人联想到时装或香水设计。外行人总误解地将设计等同于灵感，一处绝美的风景、一栋恢弘的建筑、一株盎然的植物……会猛然间在设计师的大脑中划过触动，于是一个灵感诞生了，设计师便会把瞬间的灵感付诸自己的设计作品，很多时候人们觉得“无所事事”的设计师们在等灵感。

但是酒与实物艺术品不同，美酒带给人们的感觉是主观的，无法量化的。据曾

在2011年国窖1573定制酒封藏大典上，曾娜以代表作国窖1573·中国品味奉告祭祀先祖。

娜说，自己每次都是在日常的品鉴工作中收获设计灵感。只有通过品尝白酒刺激大脑对于酒体的感知，才能唤起嗅觉与味觉，形成通感，产生某种灵感，然后通过不断勾调，加重这款酒的个性在脑海中的画面呈现，最终完成酒体设计。比如国窖1573·中国品味诞生之初，只是曾娜与酒体设计师团队在一次合作中，品鉴、勾调几种基酒的时候，感受到了一种异常柔美的风味，当时，在她的脑海里出现了一个宛若敦煌壁画上的飞天形象。“飞天”就是一个灵感，为了加重这款酒的轻盈与柔美气质，她反复地组合基酒，最终与其他团队成员，固定了该设计配方。

品尝过国窖1573·中国品味的人，都会察觉这款酒，相比其他的国窖1573系列酒更为柔美、清新，其“柔、纯、雅”的口感，就像一位窈窕淑女向你款款走来，这正是其设计师曾娜的设计灵感在饮用者头脑中的再现。曾娜赋予了这款酒更多的女性元素，有她自己的感情，也有舞蹈艺术创造的激情。

※火眼金睛

每一款经酒体设计师精心勾调好的酒，在装瓶的时候，都不容一丝的马虎。比如国窖1573酒的酒瓶在还未装酒之前，就要经过一番筛选。玻璃本身有划痕、气泡，或是印花有错误的，会被质检人员直接发现并淘汰，单这个过程中就会损耗百分之六到八的玻璃瓶。

经过初洗消毒和精洗去杂质后，合格的玻璃酒瓶才能进入到下一道工序。

灌装酒的机器无须人工，但是酒瓶装好酒以后，要反复在生产流水线上转好几个来回。质检人员要对着日光灯，仔细观察酒瓶内的酒体，是否有微小的杂质（因为粮食酿造的酒，多少会带有一些极其细微的粮食纤维）。绝大多数情况下，没有经过专业培训或视力不佳的人，很难发现酒体中的细微悬浮颗粒。这个质检工序中，又将有百分之三灌装了酒液的酒瓶被淘汰。也就是说尽管国窖1573平均每天只生产3000瓶，可依旧会有500多瓶无法与消费者见面。单这一项，每天的“损失”就超过五十多万元，这还不算瓶子、纸盒、人工等其他费用。

质检的成本是高昂的，如果只为追求经济效益，那么这些被淘汰的酒本身就能为泸州老窖带来可观的利益，但是外观的任何一丁点儿的瑕疵，都是与国宝般珍贵的酒

【质检人员正耐心对酒瓶和酒质进行质检】

液所不匹配的。国窖1573酒蕴含各种精华，品质卓越，如果瓶子或外观有瑕疵，会影响品酒人对酒质的判断。好酒的外观亦需要经得起推敲。

当然，检查这一关，对视力要求比较苛刻外，还有就是对于质检人员的细心和耐心的考验。正如纺织厂内多用女性操作员是需要女性天性中特有的细致般，泸州老窖酒厂的质检员多为已婚已孕的女性，因为经历过婚姻磨练，孕育过孩子的女性，更具有坚忍不拔的气质。质检员们穿着白大褂，戴着白帽子，她们的眼神在灯光下熠熠生辉，与透明的酒液一样，不温不火，不急不躁……散发着一种母性的光辉。与此同时，天性爱美的女性总会在不经意间，将酒盖安装得更细致，将各种酒标粘贴得更美观，像装扮自己孩子般无微不至。

也许，在每个老窖人的心目中，早已把酒当成了自己最疼爱的那个孩子了吧。

酒质通过检验后，还要人工逐一对每个酒瓶激光喷码、贴标、装盒、最后装箱。

质检工作枯燥而乏味，人终究不是机器，不能，也不可能做到万无一失。正如天天与疾病打交道的医生，最怕的不是疾病，而是有病无方一样，天天与“错误”打交道的质检员们，并不惧怕错误与疏漏，只担心不能及时纠错，让错误出了质检厂，出现在消费者手里。

返工，有时候是必须的纠错过程。

平年二月，没有29号。喷码的工作人员因疏忽却将本该为3月1号的时间调成了2月29号，这个疏忽自然逃不过最后一道把关检测人员的“火眼金睛”，当天上午所产

泸州老窖安宁科技工业园区，国窖1573就是在这里通过质检装箱。

的近千件的酒被一一取出，重新喷码，再次装箱。

酒瓶上需要贴各种标识。某天，一位贴标人员发现在装箱结束后，自己的手中却多了一个绿色原产地标识。因为每个标识与每瓶酒是一对一的关系，此时贴标人员手中多了一个标识就意味着一定有一个酒瓶没有贴标。这个标识看似不起眼，却清楚地表明着这瓶酒的来源——泸州老窖有机糯红高粱产地。贴标人员立即向领导汇报了该“纰漏”，当时已经临近午餐时间，厂内的所有质检人员，得知这个情况后，自动自发地放弃午餐，分头检查每一箱，每一瓶酒……直到发现那个“漏网之鱼”。

防伪标识是国窖1573上最不可缺少的一个标志，正因如此，防伪标识的黏性极强。下班铃已响，一位贴标人员发现自己的身上竟粘着一个防伪标识。同理，这也意味着其中有一瓶酒漏贴了防伪标，而买到这瓶缺防伪标的酒的消费者，很可能认为自己手上的是假酒。不需要上级动员，没有加班费之说，所有人开始重新拆箱，在3000件已装箱的国窖1573酒中，经过大海捞针一般的寻找，直到那个被遗漏的防伪标识补贴上后，工作人员们方如释重负，轻松下班。

这样的返工并不常见，可只要对于国窖1573酒的质量是有好处的，每一个泸州老窖国窖人，无人对此会有异议。质检人员会义无反顾把好这最后一道关。泸州老窖人明白，之前的选种、播种、酿造、陈酿、勾调……每一道工序都在追求完美，其间历经艰辛，若是在最后一道关口上出现任何细节上的闪失，都将是致命的，任何一点的粗糙或是大意，都是与国窖1573酒堪称完美的品质相悖。

中国白酒行业的同行来泸州老窖厂参观学习的时候，都会惊叹国窖1573酒的耗费率：酒瓶经过初选、灌装、照光、贴标码等一系列工序，最终能与消费者见面的每一瓶酒，都经过三人以上的质检。

随便在车间里找一瓶“不合格”的酒，在一般人看来，都是无异于合格品的。泸酒人对此并不以为意，因为他们在创作制作高端酒或定制酒的时候，其耗费更非常人所能想象。正如古代专门为皇宫烧制瓷器的官窑，每次出窑的产品会被细细检查，哪怕有常人看不到的瑕疵，也会被毫不留情就地打碎……一次烧制出的几百几千件瓷器中，仅有几件十几件能作为珍品保留，因此，时至今日那些保存下来的官窑瓷器就算有破损，也比同时期的民窑瓷器更为精美，值得推敲。

精品，不仅是精美，而是万众挑一的甄选。正是有了在出厂前的各种耗费，才成就了国窖1573酒的珍贵性：国宝窖池、传承技艺、不可复制……甚至是外包装的细节，亦是精益求精。

【国窖1573・国礼】

【国窖1573・国花】

除了与生产国窖1573酒一样的精细流程外，还有存放复查的一道严谨检测。

比如盛装高端定制酒所使用的瓷瓶，在装了酒液以后，首先要进行第一轮称重，记录每一瓶酒精确到克的重量，然后将其倒置存放3——5个月，再次对其进行称重检测，看酒液是否有减少。因为陶瓷制品有可能存在肉眼看不到的细孔，尽管这种瓶子装水不会漏，但是酒作为一种挥发性物质，就会不知不觉从这些细微小孔中挥发。虽然这种概率很小，可试想如果有人买了这种酒，存放几年后开瓶，就会发现酒液蒸发了大半。为防止这种小概率的事情发生，影响消费者对泸州老窖的印象，质检车间每隔一段时间就会因为细孔的问题，淘汰好几个已经装了好酒的瓷质酒瓶。要知道，这种专门定制烧造的瓷瓶每个都价值几千到上万元人民币不等，还不算其中盛放的酒液的价值。

泱泱大国风，中国的白酒品牌可谓是琳琅满目，但真正的高档品牌为数不多，而能称得上超高档品牌的更是凤毛麟角。自古精品出老窖，国窖1573酒，国窖1573高端定制酒，是岁月与艺术的完美酿造、文化与资源的绝妙融合，更是泸酒人不惜一切追求品质的杰出之作……

【国窖1573·定制壹号】

國
1573
窖

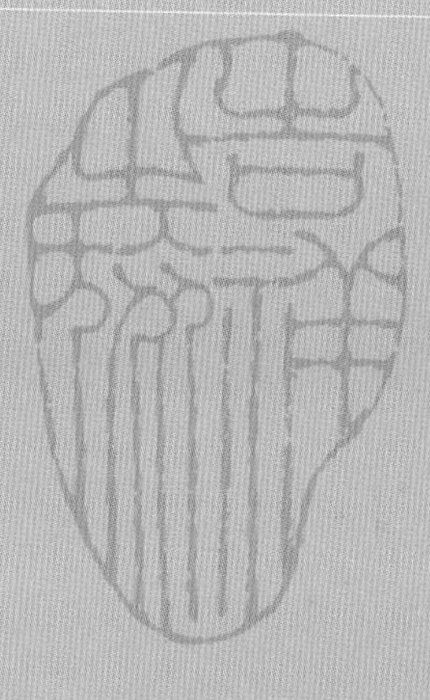

第三章

煮酒论英雄 国窖风情数万种

ZHU JIU LUN YING XIONG GUO JIAO FENG QING SHU WAN ZHONG

※中国白酒的地域性

人们的饮食习惯与所处的地域及环境有关。生活在高寒的游牧民族食奶肉，以御寒；北方多产小麦，生活在那里的人遂以面食为主；南方水稻遍野，因此造就了米饭、米粉、米线的文化。

与此类似，饮酒习惯也与环境有关。比如生活在寒冷地区的人，往往会偏好酒精度数较高的酒。苏格兰高地的威士忌如此、俄罗斯的伏特加如此、北欧国家特有的烈酒也是如此。试想，在冰天雪地的环境中，人冻得浑身发抖，一杯看似剔透如水的液体，却能在下喉的瞬间，由内而外，带来“烈焰”般的温暖。

跟欧洲的烈酒相比，中国的白酒度数高，但其实在口感上并不具有很明显的冲击力，一般越好的白酒，越是“绵软”、“香醇”，不会让人在喝下一口的那刻，感到“烈”，这与中国的传统文化中的含蓄审美倾向有关。所谓“谦谦君子，温润如玉”，好的白酒，正如君子般，入口内敛，回味悠长，但又极富有原则性，外柔内

刚："柔"表现在酒体的温和中，"刚"深藏在蒸馏后的酒精度数上。

一方水土，养一方人。

一方水土，也孕育出了具有当地特色的饮食、饮酒习惯。

同样是白酒，不同的地区，因为饮食习惯的差异、口味的偏好，也有不同风采。

贵州茅台

黔酒的代表是茅台，茅台酒的香型是酱香，所谓"酱"，就是指这种酒酿造时微生物会让酒体产生一种类似酱菜、酱油的味道。酱香型的酒起初闻起来并非那种酒香四溢，芬芳无比，而是相对内敛而淡雅的香气；待到喝下喉咙以后，那股陈年好酒的力道才后发制人，越喝越香。

民间有形容贵州偏僻的谚语："天无三日晴，地无三尺平，人无三分银。"贵州地处山区，所以自然环境并不适应农耕文化的发展，而少数民族的多重融合，又使得这里在未开发时，显得"神秘"而"诡异"。"黔驴技穷"、"夜郎自大"等成语也都说明了那里的不开化。随着时代的进步，贵州当地丰富的矿藏资源、旅游资源和茅台酒一样，为世人揭开了重新认识贵州的一扇门。

茅台酒与贵州文化一样：初闻香气封闭，初饮酒体内敛，饮后方能感到潜力巨大。

其实，喝白酒的人中，能真正欣赏酱香型白酒的人并不多。反倒是那些并非喜好，而为了名气去喝酒的人占了多数。

川酒

与之相反的是，以浓香型为主的川酒受众一直颇多。四川平原，天府之国，不愁吃不饱的情况下，大量的粮食用于酿酒，而特有的温润环境，造就了在这里生活生产的人的乐天性格，还有绵香顺口的好酒。时至今日，全国各地，无论是高档商务宴请，还是私人红白喜事，酒席上的白酒，多以泸州老窖、五粮液、剑南春等川酒为主打。

正如“有华人的地方，就有川菜馆”般，有人喝白酒，也多为川酒。为何川菜与川酒受绝大多数中国人的喜爱？源于川菜和川酒都最好地体现了中国农耕文化的精粹：源于土地，体现人性。

川菜的食材多是就地取材，信手拈来，荤素搭配，简单易得，这就是一种对于土地资源利用的最大化；川菜的味道麻辣鲜香又回甜，考虑到食用者味蕾的需要，也有

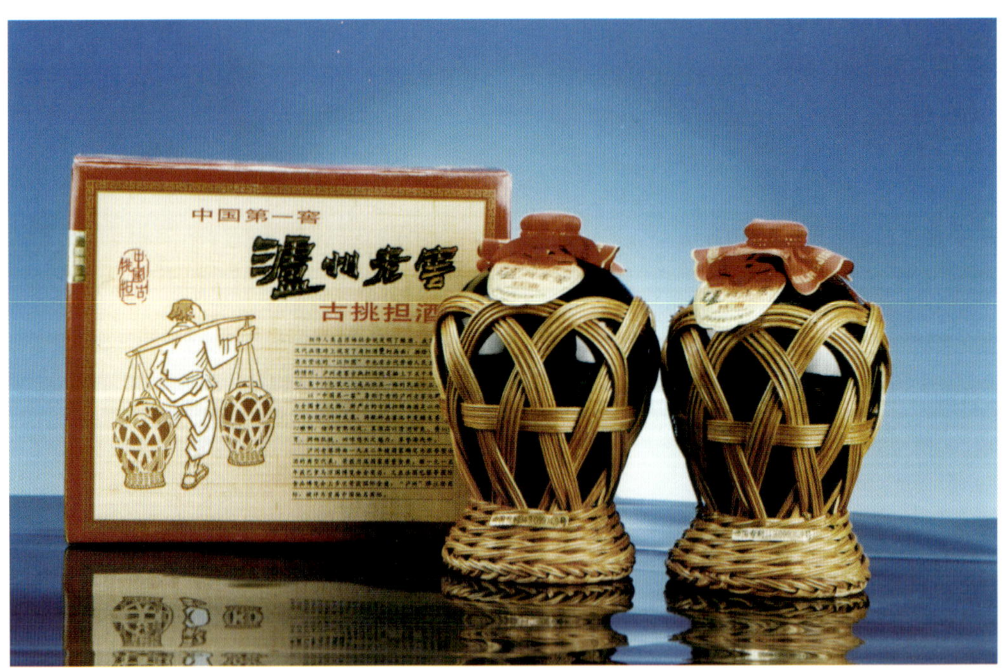

【令人怀念的老酒】

利健康，是人性化的体现。川酒是纯粮食酒，是大地的精华，好喝顺口，极具亲和力，无怪乎有广泛的受众。

对于川菜有很多误解，比如过于麻辣，调味过重，不及粤菜讲求食物本味。其实上好的川菜，并非只有麻辣。有的川菜是看起来麻辣，红油满盆，刺激食欲，但吃起来鲜香回甘；有的川菜比粤菜还清淡，比如开水白菜、太白鸭。四川物产的丰富，“娇惯”出了四川人“挑剔”的味蕾和肠胃，所以川菜的经典都是又好吃、又利于健康的，谁不喜欢呢？川酒亦是如此，自1915年，川酒典范的浓香始祖——泸州老窖特曲酒为中国争光，荣获了万国博览会的金奖，越来越多的海外品鉴家也视其为珍品，他们说："泸州老窖香沁脾胃、醇酣肌肤、熏熏然妙不可言。"

多数川酒与泸州老窖一样，其共同特点就是"浓香四溢"，让你闻着就食指大动、口舌生津；酒体都是绵软适口，让你无论是佐餐还是独酌，都会觉得顺口舒适；酒劲大但是不上头伤身，让饮用者喝了不会产生不适感。喝醉了，忙里偷闲片刻小睡，神清气爽……这样的好酒，天天享用，也算不愧对此生来人世走一遭吧！

山西汾酒

去山西旅游的人，总是要去看乔家大院、渠家大院、曹家三多堂等古建，去领略声名远播的晋商文化。殊不知，晋商文化的诞生演变发展，除去军事政治的因素，很大程度上却是源于山西当地的资源有限——山西地处黄土高原，除晋南外，多数地区常年干旱多风，盐商也好，票号也罢，都是一种对外经济物资交流的方式。

严酷的自然环境，使得在这里耕种的农民，生产生活都极为艰辛不易，也造就了他们坚韧不拔的性格，当然，特有的饮食习惯与饮酒偏好也由此催生。

多面食，多汤食，爱吃盐、醋，又喜辛辣可谓是过去山西人饮食的几个最明显的特征。

【山西面食】

面食可以为劳动者提供足够的热量，在无暇喝茶饮水的时候，多汤食可以补充水分，而山西人以前少有吃蔬菜的习惯，便用盐醋辛辣之物来刺激食欲。而且醋于山西人还有更重要的科学原理，那就是山西的水质偏碱性，面食也属于碱性，只有通过食醋，才能帮助消化吸收，中和人体的酸碱度。

酸咸苦辣甜，是人体味蕾最基本的需求。聪明的山西人在饮食上满足不了味蕾对于甜美的追求，便在酿酒时给予了补偿。山西杏花村酒厂所产的汾酒和竹叶青酒，是中国白酒中清香型的典范。此二者喝起来的共同特点就是：“落口甜”，与一般白酒的回甘不同，喝起来能直接感觉到甜美。

试想，一个人面朝黄土背朝天地辛苦劳作后，吃一碗又酸又辣又咸的汤面，出了一身大汗，迎着火辣辣的热风，再大口大口灌下香甜如果汁的美酒，该是多么惬意的事情，从味蕾到身体都得到了全面的放松。相反，换成一口燥辣而猛烈的白酒，怕是还没下到喉咙，嘴巴里都要喷出火了吧。

陕西西风酒

王兽医，九三学社内公认的资深“酒鬼”，是土生土长的陕西人。“文革”时下放到甘肃牧区，因为生性木讷不会讨好他人，从英文老师一路下放成了兽医。他终

【甘肃西宁风光】

日与酒为伍。工作时，寒冬腊月里，几大口烈酒下肚，凭借着那份酒精的热气，他赤裸着上身探进牛马的肚子里为其做肠胃手术，或是为牛马接生，脸上身上全被喷满污渍、血渍；心存感激的牧民留他吃晚饭，顿顿也是少不了白酒。苍凉的牧区夜色中，总有一个醉倒在马背上，被驼回工作驻地的孤单身影……

牧区的夜晚冷到了人的骨髓里，王兽医总会跟同事在帐篷里喝酒，以暖身体，以解白天劳顿，亦纾解不得志之郁郁。那个时候，王兽医喝牧民自己酿的马奶酒、青稞酒，甚至酒不尽兴时，用医用酒精做候补。

但他最偏爱的正是产自家乡的西凤酒。回到西安工作后，各方面条件都得到了改善，王兽医在专属的办公室一角，堆满了各种西凤酒，以便随时与酒——这个真知己推心置腹。

陕西特有的地域文化，承载了太多历史的辉煌和与之相矛盾的时代进步带来的失落感，造就了陕西人的性格中的木讷和温厚，还有不争。王兽医，在极端的环境下，不会随行就市，不会满腹牢骚，也不会破口大骂，只是默默地承受着来自命运的不公，用酒平添勇气，直面人生的逆境……这与在这片土地上祖祖辈辈勤劳耕耘的众多农民一样，虽然老天有时不长眼，粮食收成不佳，但陕西人不会放弃，不会偷懒，也不会变通，只在几口西凤酒下喉后，吼出一嗓子苍凉的秦腔。

陕西人偏爱自家的西凤酒，源于这酒，与这片土地上的人的性格是如此地吻合：西凤酒酸、甜、苦、辣、香五味俱全而各不出头，没有极端而强烈的个性，比不得酱香型白酒那般回味无穷，比不得浓香型白酒那么芬芳四溢，亦没有清香型白酒那股甘甜美妙，但五味俱全亦是一种强大的包容性，因为理解，所以宽容，因为经历，所以平淡。

正如没有个性亦是一种个性，陕西的西凤酒在中国白酒界以其特有的兼香型而自有拥趸无数。

黄酒

中国地域宽博，随便在国内跨几个省市，就相当于在欧洲经过了几个国家。而且中国的文明起源是二元化的，黄河流域与长江中上游流域盛产白酒，而在长江中下游入海口处，却孕育了特殊的吴越文化。以绍兴花雕、上海老酒等为代表的黄酒，则体

【花园式酿酒基地：泸州老窖罗汉酿酒基地】

现了这一方的水土民情。

冷不丁提出吴越文化，会让人感到陌生。但是提到喜剧港片《唐伯虎点秋香》，想必无人不知，无人不晓。而唐伯虎的绘画尤其以侍女图最出彩，比如现存的《王蜀宫妓图》中，工笔处细腻可见发丝，浓墨处绚丽可比孔雀羽翎，精致、细腻、优雅是唐伯虎仕女图的风格，也是对吴越文化的一种艺术化的阐释。如果说唐寅作为明代的吴越之地苏州人，距离太遥远，那么再看看现代吴越之地宁波人陈逸飞的油画，就算使用的是西洋的绘画技巧，但那种细腻、温婉的艺术气质还是一眼便见。

你可以不看画，但不能不说话，以江苏话、上海话、宁波话为代表的吴越地区的“吴语”被戏称为“吴侬软语”，相比大多数北方话或粤语，更为绵软。还有精美的苏州园林、温婉的越剧、昆曲……这些都是吴越文化的代表之作。

一言以蔽之，吴越文化就是一种书卷气的细腻与精致，这种气质体现在了吴越当地人生活的各个方面，包括饮酒习惯。

既然追求精致的生活，吴越之人，便万万不会大口吃肉、大碗喝酒。他们偏爱大闸蟹就黄酒。吃大闸蟹要有精美的蟹八件，还要温一壶黄酒，慢慢吃、细细品，一不能浪费蟹肉丝丝精华，二还要吃相雅致，三要保持好蟹壳的完整，四还得有吃有喝不失态……难怪豪迈的北方人会觉得这种吃法偏于“矫情”，注重形式而吃不到多少肉，喝酒也喝不痛快！

但话说回来，一方水土养育一方人，一方饮食配一方酒，绝对是有其存在的合理与必要性的。从中医的角度来分析，大闸蟹属大寒之物，如不佐黄酒和生姜，便会伤及脾胃。而吃大闸蟹配白酒，白酒的烈度会破坏味蕾对于蟹之“鲜美”的感受。也有人尝试用葡萄酒配大闸蟹，也多以“惨败而归”告终：干红的单宁太重，会麻木舌头，食蟹如嚼蜡；干白的酸度太高，蟹的鲜美便成了泥土之腥臊。

正是那一壶温热的黄酒，才与大闸蟹的鲜美相得益彰；也正是低度数的黄酒，映照着吴越地区人们不温不火的性格；更是那黄酒的甜美口感，迎合了吴越地区人饮食偏好甜淡的习惯；最是那饮黄酒，不易醉，只微醺的持续给力，成就了吴越文化的书生般的温柔艺术气质。

摄影◎崔麟

※独一无二的酒城

与酒香同行

正所谓“云烟川酒”，云南湿热高温的气候适合种植烟叶，四川平原沃土丰饶，风调雨顺，适合让人“偷懒”。时至今日，无数工业城市中因生活打拼感到极度疲惫的人都向往巴蜀之地的“休闲文化”。休闲是需要资本的，如果田里的庄稼长不好，肚子里没有油水，缺衣少食的人定是没有那份闲情去吃耗时几个小时的火锅、去晒着太阳喝茶、去打几圈麻将。川酒之所以质高量大，源于这片土地的恩惠，让生活在这里的人们吃得饱、有余粮，有精力去酿酒，酿好酒。

泸州地处川南，东邻贵州，南界云南，北接重庆，西连宜宾。泸州市因特有的

地理位置与发达的水陆交通，自古便是川南的重镇。多数情况下，一座城池或因她是风雨际会之地或是历史厚爱之身而名列史册，唯独泸州却是因“酒”被世人写进了诗词，传诵至今。泸州，古称“江阳”，北宋诗人黄庭坚曾多次游览此地，感慨“江安食不足，江阳酒有余”。

现在，你若在泸州的江边漫步，定是看不到昔日的“万户赤酒流霞”的壮观繁华了。但是你能闻到泸州特有的气息——酒香味。这酒香，与倒在杯子里的白酒四溢的香味不同，它没那么浓烈，也不那么集中，它淡淡的，若有若无，却又无处不在，肆意地撩拨你的嗅觉；也使得好酒之人，为之倾倒，迫不及待想寻觅这些酒香的来源，打开一坛酒，不醉不休。

对于游玩者而言，泸州周边随处可见各种山水相依的园林，不经意间走进一个老街区，还会撞见明清时期的古代建筑，还有大名鼎鼎的合江佛宝森林公园、古蔺黄荆老林、叙永画稿溪、张坝桂圆林……

对于饕餮之客而言，泸州的桂圆、合江的荔枝、纳西的柚子，都是古代贵族的专宠，现在也可以一饱口福。

但是，对于好酒之人来说，国窖1573广场是必须要去的。因为这是一个“活”的博物馆。

无论时代如何变迁，国窖1573广场是1573国宝窖池群的所在地，凝聚了上千年的酿酒历史，依然默默地酝酿着美酒。如果说川酒是中国白酒中的一朵奇葩，那么泸州老窖作为中国浓香型白酒的始祖，则为川酒奇葩顶端那朵常开不谢的绚丽之花，而不来看看国窖1573广场内酿酒的窖池，亲眼目睹酿酒的过程，便很难明了泸州城内特有的终年不散的酒香从何而来——这里便是酒城的心脏。

与美女交往，除去与之面对面谈风雅、看看赏心悦目的面容、听听银铃般的笑声，最令人感到期待的莫过于见识一番美女的闺房，了解其生活的情趣。喝美酒，除去看酒体的通透、酒色的纯净，品尝美酒的滋味，把酒言欢之外，最让爱酒之人心动的，也是这种寻根问底，看到美酒是如何被酿造的过程吧。在西方，可以通过探访酒庄来增加对葡萄酒更深入的了解，在泸州，可以通过参观国窖1573广场，学习白酒的酿造过程，进而从只知道喝酒的酒鬼，变成半个酒博士，更懂得品鉴上品泸型酒。

酒城的心脏

国人旅游，多无参观博物馆的习惯，源于国内的大部分博物馆设计得过于僵硬，甚至死气沉沉，拉远了人与文物的距离。年代本已遥远，当初的鲜活场景无法再现，如果没有耐心的讲解员用悦耳的声音为我们做讲解，人们很难对隔着冰冷玻璃看起来或斑驳、或残缺、或粗糙的历代酒具产生好感。我们只能猜想，曾经的那些喝酒之人，是如何善待自己的酒具，可能会跟现代酒吧里的侍者一样，得空之时，总会用干净的酒布来擦拭酒杯，保持其通透的视觉效果吧。

但凡是物品，无论瓷酒壶，还是玻璃酒杯，总会因为其易碎性，得不到妥存，所以古代泸州人喝酒时如何倒酒、如何斟酒、如何在微醺中打碎了酒杯的或风雅或疯癫的场景，我们只能凭借想象去猜度了。

然而，离开酒具的展示，来到泸州老窖窖池群的上方，眼睛顿时就亮了，心胸一下子就开阔了起来，我们可以俯瞰到脚下一片热火朝天的场景：

大小不一的酒窖，散落在厂房内，像极了因地势而建的孩童使用的游泳池，长宽不一，大小各异。“游泳池”的旁边有两个巨大的“蒸笼”（酒甑），正冒出一片白色的热气。穿梭在“游泳池”和“蒸笼”间的是几个光着臂膀的酿酒师，他们有的在不断翻铲铺在地面上的红得冒油的酒糟；有的从“游泳池”内翻出酒糟，用小车一车一车地往空地上搬运；更有一个身材微微发福的红光满面的中年汉子，提着小木勺，等在蒸笼的出酒孔前……顷刻，一股带着热气的透明液体汩汩如清泉般流了出来。

原以为酿酒师会直接把从“牛尾巴”流出来的蒸馏酒都灌在旁边早已备好的几个酒缸里，怎料他们却并不着急，而是慢悠悠地观察着流出的酒液。这酒液有何稀奇？我禁不住好奇，凑上前去“窥视”一番。

所谓外行看热闹，内行看门道，不懂酿酒技术的人，看不出这透明如水的酒液，与我们平时酒桌上所喝的成品酒有何不同。

“现在是大泡子，待会儿流到鱼眼睛，就可以休息一会儿了。”酿酒师为我们解释，可听得众人一片云里雾里，半天摸不找头脑。再三打听才知道，原来这个过程就是泸州老窖传承的非物质文化遗产酿酒技艺中的“看花摘酒”技艺。据说资深的酿酒师可以根据酒花的大小，判断取酒的最佳时机。“大泡子”、“鱼眼睛”和“口水

摄影◎木头

【牛尾巴】

白酒蒸馏后从酒甑流出的位置，因为插入酒甑的竹筒，形似牛的尾巴而得名。

【看花摘酒】

酒液在一定的压力和温度下，其表面张力不同，在摇动酒体时会形成泡沫，遂被称为酒花。蒸馏出酒时分头段酒、中段酒、尾段酒。不同阶段流出的酒花大小不同，保持时间亦不同，按其形状俗称“大泡子”、“鱼眼睛”、“口水花”。拥有丰富经验的酿酒技师能分辨出其差别，而掐头取尾，准确“摘”取中段酒。

花”都是用来描述酒花形状的术语。

刚从酒甑里蒸出的烈酒，根据其流出的时间段，大致分头段、中段和尾段。头段酒，生猛青涩，像早熟的水果般，酸涩刺口，不适合饮用；尾段的酒，绵软无力，像熟过头的水果般，没有了滋味；只有中段酒，方为刚好蒂落的瓜果，芬芳甜美，最适宜食用。而头段、中段和尾段流出的时间是没办法用机器检测的，所以要熟练的酿酒师傅，时刻守候在牛尾巴处，用酒液倾倒在木勺里激出的酒花来做判断。这个纯经验，纯手工，凭借眼力见的功夫就是酿造泸酒的一绝“看花摘酒”。

“摘”就是像从果树上选择恰好成熟的水果一样，只不过摘到的“果”，不是放在篮子里，而是流进了酒缸，“看”的花不是梨花桃花，而是酒花罢了。据师傅介绍，只有像豌豆大小的花子才是好酒，经验丰富的酿酒师，也可以用手捻起酒液，凭借手感就可以判断酒的度数和质量，这当然是酿酒师中高手中的高手了。偶尔，看花摘酒的师傅还会咂上一口流出的烈酒，通过品尝，配合视力，对酒体作出更为准确的判断，“摘”得更稳、准。每次虽然只有一小口，品尝多了，便自然有了面颊飞红的效果了。

至于如何看酒花，师傅借着微醺的状态，三缄其口，原来，这个绝活儿，除了心爱的徒弟，师傅是绝不会跟外人提及的。想想也是，如果看花摘酒是成就泸酒的一门秘籍的话，想必与现代社会的商业机密等同，我们还是不要打听为好，省得难为了师傅，还显得不知趣。

后来再三打听，知道了泸州老窖酿酒技艺中更多的几个“武术招式”：除了“看花摘酒”以外，还有“回马上甑”、“脚踢手摸”、“手捻酒液”、“探气上甑”……虽然这些招式一次参观不可能看个全面，但单听听这些名字，就不免让人浮

【回马上甑】

泸州老窖酒传统酿造技艺绝活儿之一。意指酿酒师用簸箕将酒糟均匀摊铺在酒甑上时，双手像打太极拳般，左撒时在身前划一个大半圆，然后回过来，再在右边划一个大半圆。其目的是为了让酒糟在酒甑里最大可能地被均匀铺开，以待蒸馏时，蒸汽从底部上升后，在同一时间段内，最大可能地带出酒糟中的酒精分子，蒸馏出高度数高品质的原酒。其中酿酒师双手拿簸箕，左一下，右一下的样子，与骑马回缰绳的动作颇为相似，遂得名。

【脚踢手摸】

酿酒师用脚踢手摸的方式感知酒糟，凭自身经验判断其温度、湿度、发酵度是否合适，以选择酒糟入窖的最佳时刻，及发酵后的酒糟出窖的最佳时刻。例如，酿酒师眼观晾堂上的酒糟，若酒糟上布满了星星点点分布的水珠；再用手捏一把酒糟，如果粘手，且赤脚行走在酒糟间有打滑之感，则证明该酒糟的发酵度与含水量已经合适，可以入窖。虽然现在酿酒师已不会像以往那样赤膊上阵，不穿鞋袜，甚至用脚来测试酒糟了，但是用手摸，用眼看的技艺，依然被传承了下来，这是一种纯经验的技艺，且不可为机器所量化替代。

想联翩。一代又一代的酿酒师，在这个热气蒸腾的环境中，心中默默念着师傅的师傅传下来的口诀，不吝惜浑身的力气和过硬的手艺，虽不能飞檐走壁，或是百步穿杨，却是尽展拳脚的豪放真功夫。

站在酒厂边，看师傅们轻车熟路地工作，不禁开始羡慕起了那些酒糟。你看，师傅们小心翼翼地服侍着酒糟，把它们从窖池里捧出来，还要让它们在沉睡多时后重见天日之时，好好透透气，等酒糟们喘过气了，又被安放进了酒甑里，享受蒸桑拿。从低温入窖发酵，到起窖拌料上酒甑蒸馏，再被冷凝处理变成酒液，这不正是顶好的“芬兰浴”待遇吗？

【手捻酒液】

技艺娴熟的酿酒师，可以用手指沾一点酒液，在食指与拇指间摩擦酒液，仅从手感上判断出酒的品质。酿酒师说，如果酒液触感丝滑，则为发酵到位的好酒，相反，手感粗糙的则为次品。但一般人，没有多年的经验与技艺，很难辨别其中之差别。

【探气上甑】

在进行“回马上甑”的时候，一部分酒糟已被平铺在了酒甑中，这时酿酒师会用手在酒糟的上面，进行多个点的触摸，指法轻柔，如蜻蜓点水般，轻轻一“探”，再“探”……不会用力将酒糟压实，但能用手指感受到底下的蒸汽是否在通过酒糟的时候，在甑子中均匀上升，如果不均匀，则证明酒糟的平摊有问题，其后果就会导致酒液被蒸馏得不够彻底。经过探气上甑后，酿酒师可以及时弥补不均匀的酒糟，确保蒸馏过程无误。

【前缓中挺后缓落】

这是泸州老窖酒传统酿造技艺“酒经”中的一句，是酿酒师在漫长的实践经验中总结出的酒糟发酵规律。

酒糟蒸煮后，需进入窖池发酵，入窖温度一般是10℃——15℃。泸州老窖酒的酿造讲究低温入窖，缓慢发酵。“前缓”指酒糟入窖之后，温度在刚开始的几天里，每天一两度地缓慢上升，上升到20℃左右。同时，在这几天里，酒糟通过发酵，产生二氧化碳。用细竹条在密封的窖泥上戳出一个小眼来，行话叫做“吹口”，将手放在离“吹口”不远处，能感受到清凉的气流从“吹口”中冲出来。“中挺”是指酒糟在发酵过程中，温度上升到20℃左右时，便开始呈抛物线状迅速攀高，一直上升到35℃左右，谓之“中挺”；且这个时期，将手放在离“吹口”较远的一个距离，亦能感受到凉爽气流。“后缓落”即是指发酵后期，酒糟温度缓慢地回落，这个时期产生的气体为甲烷和氢气，从吹口中“冲出”的气流点火即燃。

酿酒技师通过“前缓中挺后缓落”的口诀来判断酒糟入窖后发酵情况是否良好。若是温度及气流不正常，说明发酵过程出现了问题，便需及时采取措施。

【芬兰浴】

最正宗的芬兰浴就是通过先热蒸，再用冷水降温，反复刺激人体的血液循环，促进新陈代谢，达到强身健体的目的。

酒甑的旁边各有一个石砌的小水池，颇为有趣，外壁因长年水汽酒气的侵染，竟然有了一层薄薄的苔藓，正当我们在猜测这个石器的年龄的时候，“看花摘酒”的师傅刚好有了空闲，乐呵呵地说道：“以前的烤酒匠，白天劳累了，出了一身汗，没有地方洗澡，便在这个池子里借着热水洗个澡，顺便喝两口刚酿出的原浆……”

欷歔感慨当年的烤酒匠的辛苦之余，我们不由愈发崇敬起了这些终日与酒为伍的酿酒师了。虽然酿酒的工作十分辛苦，酿酒的过程也不易，而且在以前，酿酒师的社会地位颇低。泸州以前当地流传有“有女不嫁烤酒匠，半夜三更守空房”的说法，但是他们依然有着乐观积极的生活态度，注重“生活品质”，优哉游哉地享受。这比起在大城市繁忙工作，一边埋怨压力的重负，却又自行剥夺自己享受生活的权利，凡事讲求速成的现代人，可强了不止百倍。难怪泸型酒的口感和酒体，这般温情脉脉，其中不乏有着世代酿酒师们的可贵人文精神。

经过一番“探秘”，看到了国窖制作的“皮毛”。可这还不够，好酒之人难当诱惑，终究还是要在国窖1573广场内借歇脚之名小酌一樽国窖原浆才不虚此行。

与美国加州的酒庄之旅中，侍酒师大方倾倒葡萄酒的态度不同，在这里最后提供品尝的泸型酒“少得可怜”——只有5钱不到的白瓷小杯子里，浅浅的那么一口。因为这不是试酒，不是你喝了就能买到的酒，这是国窖原浆，每一滴珍贵无比。而且，懂酒，尤其是懂烈酒的人心中了然，尚好的烈酒，无论是苏格兰高地的单麦芽威士忌、法国干邑区的XO级别的白兰地，还是源自泸州老窖的国窖1573，都不是以大口灌、大杯喝才显得豪迈，而是应该小酌浅尝，在唇齿舌尖，细细咂摸那份精华之中的精华，好比小孩子难得吃到一次冰激凌的时候，绝不是大口狼吞虎咽，而是小心翼翼地用舌尖慢慢舔舐，生怕少了细致就少了品尝到更多绝妙的滋味一般。

好茶，牛饮是粗俗；好酒，猛灌是浪费。

喝水不忘打井人，饮水要思源。饮酒，也要饮出“源”，方能称其为“品”，而绝非饮酒下喉，简单地寻找感官的刺激。

泸州的这片“酒”土，以其特有的气候和物产，孕育出了当地特有的酿酒文化，反之，世世代代在这里生产生活的人们，也没愧对上天的恩赐。种植适合这里生长的糯红高粱，不断改进曲药，用泉水酿酒、用泥窖酿酒、用当地产的石头和竹子制造酿酒蒸馏器、用特有的山洞使酒体变得日趋完美、超凡脱俗。

所谓天地人的完美结合，不是人与自然的对抗，或对自然的无限“掠夺”，而是人们耐心等待大自然母亲，把所有重要的元素都加进来（土地、气候、水源、作物、

窖池、山洞……），之后人要做的，就是凭借我们对白酒的理解，将所有的优点呈现。从这个意义上说，泸州的酒城之得名，于自然，于人文，当之无愧。

※荔枝树下有人家

盛夏时节，泸州的有机糯红高粱地里，黄色的油菜花退场了，换上了刚开始抽穗的高粱。偶有几只嗡嗡作响的蜜蜂在耳边扰过，田里再无其他的声响，一切都那么地悠然……烈日当头，热浪迎面，随意在田边找到一片阴凉树荫，暑气顿时消散，空气中却在酒香之外，平添了一丝甜蜜。突然，一抬头，枝头那一簇簇的红艳，强烈的视觉冲击，立刻打破了午后炙烤引发的睡意，着实让人吃了一惊：嗬，原来这是荔枝树！

荔枝，中国的其他水果再无能在历史、文学、人文情感上出其右者。其地位相当于西方世界的苹果，苹果既是《圣经》里诱惑亚当夏娃犯下原罪的罪恶之果，也是雅典娜手中的智慧黄金果。荔枝，既是“一骑红尘妃子笑”的昏庸帝王的“罪证”，也是“日啖荔枝三百颗，不辞长作岭南人”的美味。

荔枝只是一种水果，它身后被赋予的无论是沉重的历史，还是优美的文学，都是后天被人为加上去的。君王好色，但治国无能，与美女无关，与荔枝又有何干系？但凡世间之美好事物，是人就会喜爱，至于如何爱，是好爱、珍爱，或滥爱、乱爱，那就是仁者见仁智者见智的事情。就好比好酒之人，能好出斗酒诗百篇的佳话，也能好出酒醉驾驶的祸害。酒有何罪？荔枝又有何错？

作为“普天之下莫非王土”的一国之君，为了讨美人一笑，别说是累死些马匹，浪费点人力，就是“烽火戏诸侯”这样的儿戏都做得出来。自古英雄难过美人关，放在现如今，也屡见不鲜。是男人，好美色，总是要付出点代价的。但美女各有不同，喜好也不尽相同，要做到投其所好，并非易事。张爱玲是才女，好文采，胡兰成就投其所好，用语言文字俘获芳心；章小蕙注重物质享受，钟镇涛就可劲奉上各种信用卡任其败家……名人如此，众人亦如此，送法拉利跑车的有、送海边独栋别墅的有、送名牌时装珠宝首饰皮包的更是不计其数。

然而，一味迎合女人的男人，不见得是真心对待女人，一味要求男人迎合自己喜好的女人，也非好女人，因此这种关系长久不得。两性关系中，除去必要的妥协外，最重要的是要保持自我个性的存在。这与酒类的销售出奇地相似，如果生产酒品的厂家，一味讨好消费者的口感，磨灭了自己的个性，甚至以牺牲品质而获得销售量的话，刚开始效果会很好，但是这种生意注定难以长久。

欧洲在向中国等亚洲国家销售威士忌的时候，为了迎合消费者对于酒体颜色的误解，认为颜色越深的威士忌就是陈年越久的，价格越高，于是人为地加重了威士忌的颜色。随着懂洋酒的人增多，知识的增长，这种威士忌渐渐失去了在亚洲地区的市场。

在葡萄酒世界里，也有类似的问题，比如为了迎合亚洲人喝葡萄酒的口味偏甜，人为地添加糖；或是为了节省时间，迎合消费者对于橡木味的偏爱，直接将橡木屑加入酒内增香。而现如今，那些加糖的葡萄酒已经逐渐没有了市场，而劣质的葡萄酒也被业内人士所诟病揭发。

【妃子笑】

产于泸州合江县的一种荔枝，其果皮鲜红，薄而韧；果肉白嫩剔透，软而滑，厚而多汁。入口甜蜜，醇香扑鼻。

唐代诗人杜甫曾在泸州摘荔枝于树下：“忆过泸戎摘荔枝，青枫隐映石逦迤。京华旧见君颜色，红果酸甜只自知。”

宋代《鹤林玉露》中记载：唐代时候的荔枝，以泸州和宜宾的最好。那个时候闽地偏远，人们对那里的荔枝闻所未闻。“一骑红尘妃子笑”中的荔枝应该产于泸州、宜宾。所以杜甫有“忆过泸戎摘荔枝”的诗句。

明代大诗人杨升庵在泸州当地做官时，也成为了“妃子笑”荔枝的拥趸，留下了《咏荔枝》、《荔林书锦》等诗赞誉荔枝的色、香、味。以至于杨公逝世，当地的文人为其写招魂诗：六月熏风，又是“轻红刚值荔枝肥”。

中国改革开放中期，为数不少的白酒生产者，利用日渐先进的生物化工技术，为了增加白酒的香味，使用人工添加的香料，降低白酒制作的成本，扩大产量。也有的白酒生产者迎合消费者对于“纯粮”的误解，认为口感粗糙的白酒才是纯粮食酿造的成品，于是便在酒内增加一些杂质，以次充好。更有甚者，为了追求利益的最大化，用工业酒精来冒充白酒，极大地损害了饮酒者的健康，对整个白酒业都造成了冲击，影响极其恶劣。

君王为讨好嗜荔枝的美女，做出了荒唐事，也终失其所爱。为了卖酒而迎合消费者的酒商，不仅失去了市场，也失去了人心。

其实，贵妃爱吃荔枝，跟现代人有人爱吃芒果、有人爱吃西瓜一样，无可厚非。只是碍于当时的物流不够发达，且王公贵族不能随意出宫旅游，所以劳师兴远，从全国各地按照不同成熟期的荔枝上贡，引起了民怨。这样看来，我们一点也不羡慕特权阶级。

更多时候，自由之身，比特殊权利，更符合人之本性。

比如现在，你可以选择合江荔枝的成熟季，来这里欣赏当地山清水秀的风光，自由自在地坐在荔枝树下纳凉，品尝传说中的“妃子笑”，满足自已的口腹之欲。“日啖荔枝三百颗”的愿望并不难实现，只是再好吃的东西一次吃多了，于身体无益不说，还是会生出厌来。不如品尝几颗荔枝后，再吃吃泸州当地有名的盘龙黄鳝，最后到了夜晚，坐在江边，吹着凉风，来几杯始终品质如一的国窖美酒，各种历史人物都已灰飞烟灭，万般滋味却也涌上心头，体会一下真正的逍遥自在，岂不快哉！

攝影◎周永叙

【合江密溪荔枝林】

【国窖1573・国花】

品尝了妃子笑，既有味蕾的满足感，也玩味了历史的兴衰。此时再喝泸酒，泸酒带给你的就是一种自由自在，一种经过时间涤荡的经典。经典，也许此时就是一种保持真我、特性的存在。不用刻意讨好他人，做好自己，就是经典。

※小荷才露尖尖角，美酒初放最无华

罗马不是一天建成的，国窖老酒中源远流长的历史，与其蕴含的文化，也非寥寥数字就可参透。好酒要慢慢品，其中的历史也需细细回味。

小呷一口老酒，身心舒畅，此时，酒香伴着思绪却可穿越千年……

朴拙之酒

评价一位历史人物，割裂不了其生活的时代背景。我们现在无法品尝到汉代泸酒的滋味，但可以根据当时的整体社会风貌和泸州特有的人文情愫，猜测当时泸型酒的基本特质。时势造英雄，时势也创美酒。

秦汉之前是商周，商周的整体风貌就是“恐惧”。商周青铜重器上那些或张牙舞爪，或怒目而视的神兽，给人带来的心灵震撼，就是一个“怕”字。

那是一个敬鬼神的时代，那个时候的人们，对变幻莫测的大自然充满了源自无知的恐惧。而到了秦汉时期，随着生产力的发展及封建社会的统一，人们开始固定在一处耕种采收，以前的不确定性得到了改善，人们心中的恐惧变成了敬畏，神鬼渐渐少了，人性的光辉开始凸现。比如秦代的兵马俑是以真人的相貌为写实，汉代的石刻上也总是不乏各种生动的人文场景。

从1983年泸州出土的一具汉代石棺上凿刻的“巫术祈祷图”中，我们能清晰地看到两个峨冠博带的巫师正举酒碰杯的场景。虽然这是一个祭祀场面，但对于人物的刻画，甚至是旁边类似神兽的描绘，都没了商周的那种恐怖气氛，更多的是真实的人类生活写照。只是与后期美轮美奂的莫高窟壁画，与精致华美的宋代绘画不可比，汉

【汉八刀】

汉代时期，在雕琢玉器，尤其是作为玉含（人死后放在其嘴巴里的冥器）的玉蝉，刀法虽然简单，但是粗犷有力，刀刀见锋，因此有汉八刀之说，但此“八”不是只有八刀，而是一个虚数。

【巫术祈祷图拓片】

代的石刻显得很“稚嫩”，甚至有点像现代的少儿简笔画。收藏古玉的人也知道，汉代的玉器并不算精致。比如典型的“汉八刀”就是用最简洁的线条，勾勒出玉器的造型。

稚嫩、简洁，化作汉代的整体风貌，就是一种人性刚刚开始得到展示的“朴拙”。

而据史料记载，这个时期的泸酒是一种类似现在醪糟的发酵型低度数米酒。那个时候的酿酒技术还不精湛，遂可以想见泸酒最初就是略带浑浊、散发着醪糟香味、盛在较大的相对粗糙的酒具里饮用的酒。

即便是力拔山兮气盖世的英雄，也有蹒跚学步的幼年；纵然是枝繁叶茂的参天大树，也有刚破土长出嫩芽的时期；浓香型白酒的始祖，也有着它朴实无华，充满瑕疵的“初级阶段”。

酒不是随便酿的

虽然汉代的泸酒有点浑浊，度数不高，口感可能也较为粗糙，并非真正意义上的佳酿，但在当时，却也弥足珍贵——因为汉代的酿酒业是“国家垄断”。 乍一看这个政策是对酒业发展的某种限制。但着眼大局来看却不然：首先中国是个农业大国，民以食为天，吃不饱饭，农民就会造反，而酿酒的原料正是粮食。酒，作为成品必定比单纯卖粮的经济效益高，如果开放私人酿酒，为了追求利益，大批人用粮食酿酒，势必会危及到国家的粮食命脉。再加上汉代初中期粮仓本不充裕，所以实行酒类的国家专营，是有其必然性的。

也正是由于国家专营，汉代的酒类品质趋于稳定，对于中国白酒日后的发展，也属于利大于弊。

因此，国家专营，非但没有制约泸酒最初的发展，还使得酿酒的制曲技术得到了稳中有进的改善，散曲发展到了饼状曲，更便于保存和运输。酒的品种也趋于多样化，有以原料命名的，如黍酒、秫酒、米酒及各种果酒；有以配料命名的，如椒酒、柏酒、桂花酒、兰花酒等；有以酿制方法命名的，如清酒、酝酒等；还有以酿制季节和颜色命名的，如春酒、冬酒、秋酿以及黄酒、白酒、金浆酒等。

酒不是随便喝的

现代的好酒之人，可以在超市、商场、酒类专卖店，甚至是楼下的小卖部随时买酒喝，想什么时候喝就什么时候喝。偶尔兴起，还可以自己在家酿造米酒、葡萄酒……这在汉代是无法想象的，因为那个时期，酒不仅不能随便酿，连喝酒都有限制。

汉代的法律明文规定，禁止三人以上无故群饮，否则罚重金。“无故”就是无缘无故，那么什么才算是“缘故”，什么时候与酒友一起畅饮，才是合乎法律规定的呢？

【江阳酿酒图】

【“巫术祈祷图”石棺】

1983年，于泸州出土一具汉代石棺，石棺上清晰凿刻一副“巫术祈祷图”，其上两名峨冠博带的巫师正高举酒杯，以酒祭祀。该石棺现保存于泸州市博物馆。

逢年过节，尤其是春节、元宵节、端午节等中国传统节日，是可以喝酒的，这是中国人几千年来的习俗。只是不同的节日，喝的酒有差别。比如春节，要喝椒柏酒（椒实和柏叶为配料酿制的酒），相当于一种药酒，据说可以驱除疾病，保证来年人们身体健康。现代人已经逐渐淡忘了重阳节，但在汉代，这是个重大的节日，连皇帝都要佩茱萸、吃莲子、喝菊花酒，以求长寿。

除此之外，还有一个被现代人淡忘的节日——“上巳”，即每年三月上旬第一个巳日。上巳时，地方官员要带领民众一起用水洗去“污秽”，祭祀求福。在汉代，上巳已经成了官民一起趁祭祀之机进行踏青游玩的活动日了。祭祀免不了给祖先敬酒，至于最后酒是洒入大地，还是进了人的肚子，则不可深究了。汉武帝的时候，这种假节日喝酒的形式有了更有趣的变化，那时流行起了“曲江宴”，即在人工修建的九曲江边，先把酒杯放在水里，任其上漂一会儿再饮用。对历史文学有所了解的人，想必已经猜到，这个曲江宴便是后来魏晋时期著名的“曲水流觞”，书圣王羲之便是在如此风雅的娱乐活动中，喝到兴起挥毫留下了《兰亭序》。

除重要的节日可以喝酒，还有一种特殊的时刻无酒不欢。这便是婚礼饮酒。说到交杯酒，大家并不陌生，但交杯酒的源头，正是汉代人结婚时必喝的“合卺”酒。“合卺”就是一个完整的葫芦从中间分割成两半，新娘新郎各用一半来盛酒，然后交

【流杯池】

文人雅士饮于池旁，曲水流觞。

【麒麟温酒器】

杯饮用，以示百年之好。

虽然在汉代喝酒与酿酒有着诸多的限制。但在泸州当地发掘出土的文物中却不乏证明当地人酷爱喝酒的“酒证”——比如美轮美奂的麒麟温酒器。

温酒器，顾名思义，就是用来把酒加热的工具。但这个“工具”不简单：麒麟的肚子里可以放炭火，燃烧后的热量传给两边盛水的器皿，而盛酒的酒具漂在水上，被缓缓加热，待到水温沸腾，酒便温好。麒麟还可以“全自动”循环水，而水蒸气则从麒麟的嘴巴里喷出来，烟雾缭绕，妙不可言。

且不说古人多么聪明，也不谈铸造技艺如何高超，更不提做工的精致。单说说这份喝酒还要等着慢慢温酒的雅致，就足以让后人艳羡。

想象一下，当时使用“麒麟”温酒的人，好不容易待到“解禁”的节日之时，却不急于喝酒，反而要缓缓等着炭火升温，加热水，水再温酒。喝酒的同时，还要看着“麒麟喷雾”……如此闲情雅致，提升了喝酒的诸多精神追求，不仅要好喝，还要好看、好玩。

被视作贵族发源地的欧洲，那个年代还在茹毛饮血，而此时中国的泸州“小资”们就开始物质与精神的双重享受了。

值得注意的是，从温酒器的式样可知，当时的泸酒多为低度数的发酵酒，类似现在的醪糟、米酒，因为烧酒，也就是高度数蒸馏酒是不适宜加温后饮用的，烈酒的酒精度数过高，升温后香气逸散太多，酒体就会变得寡淡。

【江阳运酒图】

【泸州出土的秦汉文物——陶杯、提酒俑和饮酒俑】

除了麒麟温酒器外，泸州还出土了不少的羽觞（耳杯）和尖底的陶酒杯（汉代在无家具的时候，人们席地而坐，盛载食物饮料的陶制器皿则插在泥土中）。可以想见，在汉代的泸州，除了用得起温酒器的贵族外，老百姓也会在重大节日拿出珍藏的酒具，满心欢喜地斟上酒，享受这份难得的“放纵”。泸州人那颗想喝酒、喝好酒的心却在汉代就已经昭然，有了这份心，再加上当地的沃土，日后的中国浓香型白酒的诞生之地在此，只是迟早的事情。

※大唐风尚

高调喝酒

香港才子蔡澜先生曾在俄罗斯冰窟中，用冰冻的酒杯，盛着伏特加畅饮，当时身着夏装的蔡先生享受着反季的纯正饮法，使得屏幕前的观众大为惊叹，当然若是好酒之人看到此景致，不免也会有酒虫被勾出来的馋劲。只是大部分观众并不知道，这种“反季”的饮酒方式，早在唐代就已有先例，不是作秀的节目，却极为高调奢靡。

当时的权臣李林甫，就曾在酷暑时节身着貂裘，宴请宾客把酒言欢。并非李林甫身体异禀耐受高温，而是他在设宴的地窖内摆满了巨大的冰块，冰块降温的速度绝不比现代空调差，要不了多久，地窖内暑气消散，温度降到了让人呼出的气都是一片白

【羽觞】

又称耳杯，羽杯。是中国古代一种盛酒的器具。因为杯子两边有耳，像鸟的羽翼，便得名羽觞。

雾的境地，如何能不着冬装以御寒呢？

试想，当时屋外烈日炎炎，蝉鸣一片，身在名副其实的“冰窟”中饮酒，不仅不会让人感到燥烈，相反还有一种温暖身体的作用。同时，这种反季的喝酒方式，并非一般人家可以做到，心理上自然会产生一种高于他人的优越感，如此这般高调喝酒，满足的不单单是“酒虫”，更是一种类似小人得志、穷人乍富的炫耀心态。

真正的贵族，世代浸染，早已看尽了繁华，更了然繁华背后的名利之争，便晓得“高调”是暂时的，而成为众矢之的则后患无穷。真正懂得品鉴美酒的人，也绝不在于宣传自己的杯中之物有多昂贵、多么价格不菲或是多么来之不易。

只有浮躁的社会风气之下，才会滋生出高调的喝酒方式。唐代虽不可争议为盛世，而盛世也有浮华，也会走向衰败。

绝对开放的唐代

且不表兼容并蓄的盛唐之灿烂文化与经济，先说两位唐代历史上最出名的女性，女皇帝武则天与贵妃杨玉环，就知道唐代开放到了何种境地：一个是儿子娶了父亲的女人做老婆，一个是父亲讨了儿子的媳妇做妻子，令人汗颜。而盛唐正是从贞观之治后期，也就是那个“聚麀”皇帝治理国家的晚年，不可避免地走向了衰落。

皇帝躲在深宫，怀抱美人，终日酒色纵情，下面的官员自然也是上行下效，饮酒成疯。比如左丞相李适之就喜欢通宵达旦喝酒，喝到东方鱼肚白时才开始做公务，其效率可想而知；再比如大臣石裕，光喝酒还不满足，甚至要泡酒浴，说是除了让嘴巴能享受美酒外，还要全身的皮肤也要尽享美酒的滋味，简直嗜酒到了“癫狂”的境界。

除了皇帝官员，还有一批文人也是疯狂喝酒。杜甫的那首《饮中八仙歌》恰好生动形象地描绘了当时狂饮的社会风气。只是文人喝酒的副产品中，多了一份雅致：斗酒诗百篇的李白，自称为醉吟先生的白居易，自号醉士的皮日休……文人往往狂饮之后，便能提笔写下诗歌。随便找几首唐代的诗歌，“拧”一下，总能渗出几两美酒的。

饮酒少不了配角

时代在进步，酿酒的技艺也在提高。白居易有诗“烧酒初闻琥珀香”，雍陶有诗“自到成都烧酒熟”。虽然文字记载非常有限，但不少学者推测，在唐代的四川地区已经有了烧酒，也就是蒸馏后的高度数酒。若此推测无误，我们可以想见，那个时期的酒质已相比汉代的浊酒有了质的改变，起码酒液已经通透纯净。

【《饮中八仙歌》】

知章骑马似乘船（贺知章），眼花落井水底眠。
汝阳三斗始朝天（汝阳王李琎），道逢麴车口流涎，恨不移封向酒泉。
左相日兴费万钱（左丞相李适之），饮如长鲸吸百川，衔杯乐圣称避贤。
宗之潇洒美少年（名士崔宗之），举觞白眼望青天，皎如玉树临风前。
苏晋长斋绣佛前（苏晋），醉中往往爱逃禅。
李白一斗诗百篇（李白），长安市上酒家眠，天子呼来不上船，自称臣是酒中仙。
张旭三杯草圣传（张旭），脱帽露顶王公前，挥毫落纸如云烟。
焦遂五斗方卓然（布衣焦遂），高谈雄辩惊四筵。

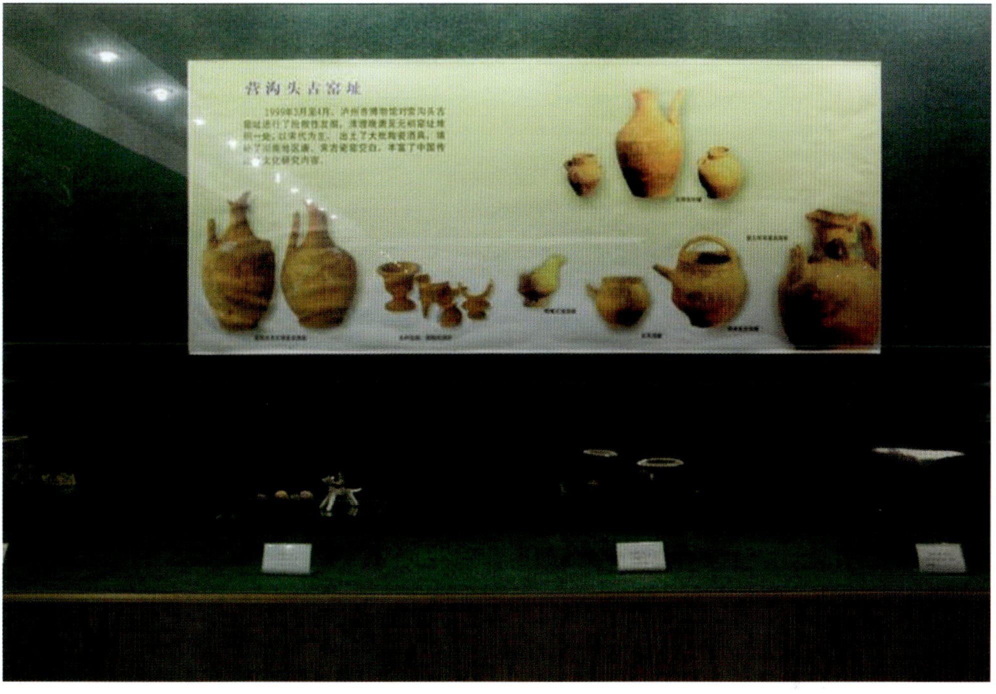

1999年，泸州市营沟头发掘出一处古窑址，出土了大量唐五代时期的陶器酒具，说明唐朝时期泸州酿酒技术已进入一个全新阶段。

佛靠金装，美酒也要配上精美的酒具才更符合贵族、文人对于生活品质的追求与偏好。据说“饮中八仙”之一的李适之作为一名资深酒鬼，就收藏有一套名贵的酒具，该酒具有九件，分别为：蓬莱盏、海川螺、舞仙、瓠子卮、幔捲荷、金蕉叶、玉蟾儿、醉刘伶和东溟样。

虽然没有实物出土或传世，但仅凭这些美丽的名字便可见这套酒具是多么精美。

据说其中的蓬莱盏刻画有三座仙山的造型，斟酒时刚好漫过三座仙山，待饮时，酒液缓缓退去，仙境中的山形便显现了出来，颇具意境。用舞仙喝酒时，酒杯上会有仙人在酒盏上曼舞的影子，巧夺天工。

李白的诗句中曾写道：“鸬鹚杓、鹦鹉杯，百年三万六千日，一日须顷三百杯。”其中的鹦鹉杯应该与海川螺类似，是用海南产色彩艳丽的鹦鹉螺螺壳做成的酒杯，用这种酒杯喝酒，因螺壳中九曲拐弯，不容易将其中的酒液一饮而尽，只能慢慢品味，所以还被称之为“九曲螺杯”，是当时极为珍贵的一种酒具。

好酒之人收藏精美的酒具，如烟客收藏打火机般，是一种爱屋及乌的习惯。在唐代，不仅“酒鬼”们有珍藏的酒具，皇室贵族使用的酒具更是珍惜罕见，比如唐玄宗最喜欢的一只酒盏，杯壁薄如蝉翼，色泽泛着淡雅的青色，初步推测可能是传说中的“片柴值千金”的柴窑瓷器。杯足上则有镂金字“自暖杯”，当酒液注入其中时，酒杯中便会升起热气，自动为酒加温……其中原理不得而知，只是觉得玄妙有趣。

光把玩酒具，是一种静态的欣赏，就算有独具匠心的精致酒具，也无法将喝酒之后人们心中的“豪情”释放殆尽，那个时候没有卡拉OK，但是唐代人喝酒，有更文雅的玩法：行酒令。

【鹦鹉杯】

【鸬鹚杓】

摄影◎木头

【泸州老窖老字号特曲】

【68° 温永盛原窖酒】

唐代的酒令非常繁杂，据文字记录约有二十多种，归纳起来主要为三类：律令、骰盘令、抛打令。

律令，就是按照顺序喝酒。与此同时，还可以用一些辅助工具，比如筹令。筹令上有令辞，抽到的人要根据令辞来作诗或是对诗，对不上的便会以酒代罚。与现代人玩的“真心话大冒险”有些类似，比如抽到了“劝”令，就是要劝其他人喝酒；抽到了“罚”令，便是自罚一杯。

骰盘令，望字生意，根据投出骰子的点数大小来决定喝酒的先后或是酒量。经常混迹酒吧的人，应该对这种投骰子的喝酒游戏并不陌生，只是少有人知道这个游戏是从唐代流传至今的吧。

抛打令，前面的律令和骰盘令若是喝酒时的游戏，那么抛打令便是微醺后的“击鼓传花”。最后绣球落在谁怀里，谁就得表演一段舞蹈。唐代上至天子皇族，下到达官显贵文人雅士，都以通晓音律为荣，若是再能随着乐曲舞上一段，就是“文武双全”受人尊敬、受酒场欢迎的宠儿了。真是一个“喝酒才是正经事”的“好”时代啊。

遥想千年之前，在长安城内牡丹花丛中，唐玄宗放下自暖杯，醉眼蒙胧欣赏着霓裳羽衣舞的时候；傍晚，微波荡漾里，白居易乘着一叶扁舟，微醺中，吟着《琵琶行》的时候；各地官员在府邸内，饮酒作乐，玩击鼓传花，听美女弹奏、看佳人醉态的时候……泸州，作为当时为朝廷提供赋税和供应美酒的地方，那里的农民们依旧在挥汗如雨地耕耘，酿酒人日复一日地守在充满蒸汽的酒坊内，用智慧，用心血，酿成那一滴滴美酒……

浮华转瞬变成过眼烟云，而给养了唐代繁荣文化艺术的美酒佳酿，却因了与这片土地一样朴实的酿酒人，代代传承至今。

唐代的泸州美酒

皓月当空，

恰便似嫦娥离月宫，

奴似嫦娥离月宫，

好一似嫦娥下九重

……

这是《贵妃醉酒》里的唱词，戏讲的是杨贵妃因见不到唐玄宗而闷闷不乐，于是拿来一壶酒独饮。殊不知这酒妙极，喝着喝着，郁闷没了，反而多了一丝微醺后如同嫦娥飞天般的奇妙感觉。贵妃醉了，因好酒而醉。后世多有人会觉得好奇，这般好酒产自哪里？

答案也许从陈子昂的《上蜀川军事》里可以见到端倪。文中有云：“国家富有巴蜀，是天府之藏。”巴蜀为四川、重庆的统称，陈子昂的意思是这里生活富饶，物资充沛，是大唐王朝的给养、资金供给的重要来源地。而泸州恰好位于巴蜀腹地，一直以来都有酿造美酒的传统，其中极品多为皇室所纳。所以不难推断，醉倒贵妃的美酒，十之八九应为泸州所产。

当时的泸州酿酒业高度发达，已经达到了庄园作坊酿酒的规模。每个庄园大概有几十上百号农民，他们种植粮食，在庄园内部酿酒。这种庄园有多少个？没人统计出准确的数字。但是陆游曾在他的《老学庵笔记》里提到“蜀中士子莫不酤酒”，这就有意思了——士子是指有身份、有地位、家境殷实的人，差不多相当于现在的中产，

也就是说当时家里有钱的人都要酿酒。有钱人基本都是酿酒的庄园主、作坊主，而没钱的人则在为他们工作。换言之，几乎人人都与酿酒脱不了关系。

这种庄园经济不仅让泸州的美酒成为了当地一大特色，更在质量上不断推进着泸州美酒的发展，这可以从当时人们送礼的一些情况中找到一些佐证。

孙光宪在《北梦琐言》里就记载了这样一个故事：柳公权的侄儿柳玭到泸州当郡守（相当于现在的市长），当地的一位秀才拿着自己的文章去向柳玭求教，登门拜访自然不能空手，这位秀才于是带了两坛自己家酿造的酒作为礼物。

送礼自然要送自己认为最有面子的东西，若是放在今天，鲜有人会敢提着自己家酿的酒当礼物送给市长大人。可在当时却可以，足见唐代泸州私人家的酒的品质都颇高，作为馈赠之物是完全没有问题的。

※两宋雅韵

宴饮之风

宋太祖赵匡胤，黄袍加身坐上了皇帝宝座，屁股未坐热就想“良弓藏、走狗烹”。本来君要臣死，臣不得不死，只是赵匡胤这个君还没那么理直气壮，于是武将出身的他，玩了一段文人的弯弯绕——先请大将们来喝酒叙旧，喝到微醺，便做委屈

【国窖1573·国花】

叹气状，尽扭捏之能事，最后才露出狐狸尾巴："人生就像睡觉啊，眼睛一闭一睁，一天就过去了；眼睛一闭不睁，一辈子就过去了。兵权神马都是浮云，不如给后代多留点房产遗产，趁现在多享受才是王道。"（人生驹过隙尔，不如多积金帛田宅以遗子孙，歌儿舞女以终天年。）

大家都是聪明人，谁也不会跟皇帝和金银财宝过不去，于是纷纷交出自己的兵权告老还乡。这便是历史上有名的"杯酒释兵权"。吃了敬酒的武将们那么配合，宋太祖自然不能亏待人家，工资翻倍，福利增加，鼓励大家吃好喝好。至此，宋代的基本国策就给官僚士大夫定下了积极享乐的调子，官场内刮起一股"宴饮之风"。只是相较唐代的豪饮之风，宋代文人当政，这种宴饮则多了几份雅致。

宋人朱弁在《曲洧旧闻》中记载了一段宴饮时的风雅：一位先生请众宾客在家喝酒，当时正值春季，这位先生家中庭院的花架上一片春花烂漫，时不时就有点点花瓣如雪花般飞落，煞是好看。于是众人便将酒宴挪在了花架下赏花饮酒，并提议"有花飞堕酒中者，为酹一大白（杯）。"以飘零的花瓣为酒令，微醺中一片欢声笑语，冷不丁一阵春风乍起，吹散落花无数，人人的酒杯中都不可幸免坠了花瓣，于是众人一同举杯畅饮。既是落英缤纷，这酒宴便被起名"飞英会"。赏花饮酒，借花为令，其乐融融，不亦乐乎，在当时被传为美谈。

单是在庭院内宴饮，已经不能满足宋人日益增长的饮酒雅兴了，因此便诞生了"游宴"，即选择一片风景独好之处，以美景佐美酒。

《醉翁亭记》里描述了一场游宴："非丝非竹；射者中，弈者胜，觥筹交错，坐起而喧哗者，众宾欢也。苍颜白发，颓乎其间者，太守醉也。"难怪有人戏称中国古代人中生活幸福指数最高的当属宋代，其理由之一便是流露在诗文中的宋代人的生活情趣。这场醉翁亭的宴饮：虽无歌舞伴唱的美女，可众饮客微醺中，有下棋的、有投壶的、坐着站着，自得其乐……俨然是一副国泰民安、富足祥和的社会风俗画。

据说当时欧阳修还在城北的蜀岗修建了一所"平山堂"，专门用于摆宴席请大家来喝酒。每逢到了初夏，莲花盛开之时，便会派人去湖泊中采摘许多莲花，放在酒席中用于劝酒。莲花由陪饮的歌姬选择，传给酒席中的人，依次传下去，传到谁手中谁就摘掉一片花瓣，传到谁手中时花瓣已无，便要罚酒一杯，这便是"飞花传酒"。"飞花传酒"与"飞英会"不谋而合，都算是宋人饮酒，还要赏景赏花的别致情趣。

除了从唐代流传下来的"击鼓传花"的劝酒，或是酒令劝酒，宋人又发明了一种"闹酒"。当时陶瓷业达到了中国历史上的巅峰，有了这种技术上的支持，酒具更为

花样繁多，精美。宋人饮酒讲究用成套的酒杯劝酒，每次将其中的一只杯子斟满，然后让艺妓或唱或舞，劝人饮尽杯中之酒。而成套的杯型往往选择花的形状，如秋葵、菊花、莲花、梅花等等，被称为“十花金盏”。

雅士饮酒与另类饮酒

宋代的文人墨客饮酒，自是少不了吟诗作对，甚至普通的秀才书生都有不俗的水平。宋人沈作喆编纂的《寓简》中记载了一个故事：有一天几位秀才聚在一起品酒论诗，庭院里有一片葡萄架，上面的葡萄红的、绿的、紫的，看着就讨喜，有位秀才上前摘了一颗葡萄，说：“我们何不以一句诗作谜面，猜水果作酒令？”

接着他率先吟出：“迢迢良夜惜分飞”。“迢迢良夜”是“清宵”，“惜分飞”为“离”，合起来便是“清宵离”，谐音就是青肖梨。

众人连声称妙，有人接道：“黄鸟避人穿竹去”。“黄鸟”扣“山莺”，“避人穿竹去”为“逃”，谜底则为山樱桃（“山莺逃”）。接着又有人接：“芙荷翻雨浴鸳鸯”，“芙荷翻雨”为“水”，“浴”为“淋”，“鸳鸯”是“禽”，“水林檎”为当时一种山果的名称。

这则酒令极雅之外，还富有浓郁的生活乐趣，若是肚子中没有墨水，就算雅量，也饮不出那份自熏熏然中跳跃出的思维火花。

【国窖1573专卖店专属产品之国瓷系列】

若是说汉风为朴拙、唐风为开放，宋风绝对为雅致，但这种雅，不是高端的难以亲近的雅，而在于一个致，就是别致。这份趣味，懂者心中自会莞尔。

比如苏轼这样的文字大家，饮起酒来，也会放下学贯古今的架子，信手拈来的都是轻轻松松的句子。这大约非常契合宋代的酒场氛围，而且更有游戏性、趣味性。如《纳佛印令》中的故事记载，苏轼的朋友佛印曰："不悭不富，不富不悭。转悭转富，转富转悭。悭则富，富则悭。"东坡对曰："不毒不秃，不秃不毒。转毒转秃，转秃转毒。毒则秃，秃则毒。"

这一"对联"，全是市井俗语，尤其是苏轼一改儒雅气质，道出几近脏口的绕口酒令，是否可以想象东坡先生当时已经不胜酒力、面红耳赤的状态了？喝到半醉，能互相戳着软肋对骂：佛印说苏轼"富人抠门"，苏轼骂佛印"秃子心黑"。关键是互相骂了还不伤感情，交情绝对过硬，了解苏轼与佛印各种掐架斗智故事的人，再想象一番对饮对骂的场景，必定都会开怀大笑。

今人有心者不妨在酒桌上观察一番，那种酒酣后两个人互相吹捧的，未必是好朋友，相反，互相调侃几近挖苦，还能笑吟吟对骂的，往往才是真知己。所谓品酒，也

【国窖酒具】

是品人生，亦在品察各种人情世故。醉里挑灯看世间百态，眼醉，而心清是也。

宋代饮酒达人陈元靓，编了一套雅俗共赏的酒令，比如有一则“箕子令”是席间取花一支，拈花行令，这则曲词与动作的搭配也非常曼妙：

我有一支花（指自身复指花），斟我紫儿酒（指自令斟酒），唯愿花似我心（指花指自心头），几岁长相守（放下花枝叉手），满满泛金杯（指酒盏），我把花儿嗅（拿起花来闻），不愿花枝在我旁（把花指向下座人），付予他人手（把花传给下一位）。

其间动作或唱词有误，便要被罚酒。这属于动作令，这种动作令起源于何时至今无考，但是与今人在酒席间玩的“江洋大盗”等颇为类似。

在宋代，无论是官僚之间的宴饮，还是文人之间的酒局，都比唐朝的狂热豪放、酣畅痛饮的酒风，多了一份清醒与理智。试想如果喝到酩酊大醉，别说吟诗作对了，就是基本的礼仪都顾及不上，便是有失体面。所以很容易从苏轼的诗词中，找到“半酣”、“知足适意”、“无所谓醉与不醉”等提倡“微醺”，而非“大醉”的关键词。可以说，宋代人饮酒，相对礼数繁多的汉代更随意，但相较唐代，更算是适度的酒风。

除了雅致、适度的酒风，更有一些“另类”的文人，发明了一些“怪诞”的饮酒方式，算是喝酒喝多了，雅致都不尽兴了，物极必反的例子吧。当时，苏舜钦和石延年就发明了几个饮酒怪招，曰：“鬼饮”，黑灯瞎火不点蜡烛摸黑喝酒；“了饮”，喝点酒了就唱悲情歌，哭哭啼啼地喝酒；“囚饮”，学囚犯一样围坐在一起喝酒；“鳖饮”，披着席子只露头在外面，饮酒一杯后，再缩头回席子中；“鹤饮”，喝一杯酒，爬一次树，爬下来了再饮，再爬……

这些喝酒的方式都不利于健康，还有安全的隐患。但在宋代，这些有着丰厚俸禄的“公务员”，一天确实是百无聊赖，所谓穷则思变，而富得无所事事，也是某种悲哀吧。

酒肆文化

说到宋代的酒风，不得不提及当时的酒肆文化。宋代中期，“坊市制度”彻底崩溃，所谓坊市制度就是住宅区（坊）和交易区（市）严格分开，并用法律制度对交易

的时间和地点严加控制。当时饮食酒肆则突破了原来只能居于城中“坊”与“市”的地域限制，霎时间便漫布于城内的大街小巷。在《东京梦华录》中有专门的《酒楼》一章，描写了宋人通宵达旦出入酒肆的情形。《清明上河图》中主要干道上临街鳞次栉比的商铺中，不乏很多酒肆。

文人士大夫们，若是想讲排场炫富，便可在家宴饮；若是喜欢风景，亦可游玩踏青赏菊赏兰去郊外饮酒；白天没喝够，到了晚上还可以去酒肆通宵达旦地喝酒……更重要的是，酒肆中还有能歌善舞的官妓，美酒当前，如何少得了美女相伴呢？

宋初时，跟以往的朝代相似，都有禁酒的规定。但随着经济的恢复，酒税的增收使得朝廷放宽了对于酒类经营的限制。毕竟在被后人诟病的宋代冗官冗兵、重文轻武的条件下，厚养着一大批的文官。没有来自酒类消费的各种税收，政府再富裕也会不堪重负。所以北宋政府鼓励酒水经营，放松民间自酿酒类，尤其推崇酒肆消费。比如苏轼等人就很热衷于自己酿酒，品质不敢说好，算是玩票性质，但可见当时自家酿酒并未受太大约束。

北宋王安石推行改革中，最重要的一条便是“青苗法”，老百姓可以在耕种时节去政府领取一定的补贴金，以补助耕作。但与此同时，北宋政府又在老百姓借钱归来的必经之路上设置酒肆，让妓女在酒肆中歌舞挑逗，以引诱其手中有了钱的百姓来买酒寻欢。这样一来，百姓借来的预备补助耕作的钱顷刻便有十之二三倒流回了国库。

《梦粱录》中记载道：“酒楼和乐诸库，皆有官名角妓，设法卖酒”，“诸酒库亦点灯球，喧天鼓吹，设法大赏，妓女群坐喧哗，勾引风流子弟买笑追欢……”其中，现代人所说的“设法”一词，正是来源于此。

酒妓

一提及“妓”，多为现代人所不齿。但在当时，多数的妇女都没啥文化。所谓的大家闺秀更是大门不出，二门不迈，终日待在家中少有外出机会，没有太大的见识，像李清照那样能写词的女文人是凤毛麟角。所以能歌善舞，通晓音律的官妓，可以说满足了文人在酒后对于文化精神的追求，也绝对为当时的国民经济贡献了不少的GDP。而且当时的妓女素质颇高，文人达官酒后随便写个词，她们便能和上曲子唱一段，舞一段，以助酒兴，真正才色皆具。

摄影©INTO

【国窖1573·[illegible]】

【宋徽宗】

【酒妓当垆卖酒图】

文人、官家去酒肆消费在宋代是家常便饭，甚至贵为皇帝的宋徽宗也有和李师师的一段“佳话”。无论这是后人编纂，还是稗官野史，看看宋徽宗留下的那段旷古艳词：“浅酒人前供，软玉灯边拥。回眸入抱总合情，痛痛痛。轻把郎推。渐闻声颤，微惊红涌。试与更番纵，全没些儿缝。这回风味成癫狂，动动动。臂而相兜，唇儿相凑，舌儿相弄。”便可知，赵佶绝对有酒后乱性的本事，更有把艳情写绝的能耐。当初宋太祖用酒玩政治，为后辈坐稳了江山，若是他老人家在坟墓里知道后辈用酒玩色亡了国，怕是气都要气得在黄泉之下翻个身！

同样是酒，不同的人，则有不同的饮酒方式，利用酒办大事可，坏事亦可。同样是汽车，有人能玩F1赚大钱，也有人开车闯祸……世间无论何物，都得看用者的本事和能耐，怪不得物。

相传，李师师作为一代名妓，不仅跟皇帝老儿有情，还同时脚踏多只船：大才子周邦彦、武功员外郎贾奕也拜倒在其石榴裙下。我不厚道地想到了一句话：独乐乐，与众人同乐，孰乐？也许当时的一干名流多是抱着这种心态来与酒妓交往的吧。反正当时召妓也不是什么伤风败俗之事，只是饮酒作乐的方式。同时也能看出，当时的妓女，不仅有才有貌，还得有高情商，才能周旋于多个男人之间，而不乱了方寸，卖酒的生意做成了，卖笑多家还不伤大家的情面，这是何等的智慧与手腕啊。

宋酒的品质

经济基础决定上层建筑，宋代的赋税很重要一部分来自酒税。所以宋代的基本国策就是鼓励酿酒业、卖酒业。有了国策的支持，再加上文人士大夫无形中推广的各种花样翻新的饮酒方式，还有酒肆文化浸染到群众的商业、生活活动中，最后加之官妓极尽能事的推波助澜，宋代的酿酒业想不发展都难。

蜀道难难于上青天，地处西南的泸州，并未受到唐末安史之乱或五代十国北方征战的破坏与影响。泸州当地的酿酒业得到了持续而高速的发展。比如苏轼本人并未到过泸州，却因饮了友人从泸州带来的佳酿，而挥毫写下《浣溪沙·夜饮》："佳酿飘香自蜀南，且邀明月醉花间，三杯未尽兴犹酣。夜露清凉揽月去，青山微薄桂枝寒，凝眸迷恋玉壶间。"蜀南便是泸州所在地，而"三杯"的量对于苏轼这样的资深酒鬼来说，并不算多，可以试想当时苏轼喝到的已经不是"浊酒"：黄酒、米酒，而是度数相对较高的烧酒，也就是蒸馏酒。

【苏轼饮酒图】

摄影◎张云飞

泸州出土的宋代侍女执酒壶石刻，由此，宋代泸州酒具文化可见一斑。

在中国白酒历史上，宋代泸州酒出现了“小酒”与“大酒”之分。所谓“小酒”，即春秋以来的一种米酒，所用的原料为“酒米”。古人一般在春秋季节利用自然的高温高湿度的环境，使得酵母菌等微生物容易发酵，酿造自然发酵的低度数酒类。“小酒”的发酵和老熟的周期都很短，不需要“老熟储存”，往往随酿随卖，其类似于现代的米酒、黄酒。

所谓“大酒”，就是蒸馏酒。从《宋史》的记载可知，大酒是用谷物作原料，经过腊月下料，采取蒸馏工艺，从蒸馏糊化并且拌药（曲药）发酵后的高粱酒糟中蒸馏出来的高度数烈酒，且经过“酿”、“蒸”出的新酒还要存储半年，待其挥发部分物质，自然醇化老熟，方可出售。这种施曲蒸酿、储存醇化的“大酒”，酒精度数高，在色、香、味上均超过“小酒”。因酿造周期长，还便于存放不易变质，价格也要昂贵很多。如果要把二者拿来做个更通俗的比喻，那么中国古代的小酒其实类似于如今的啤酒、黄酒、果酒之类，要趁新鲜饮用，越新鲜越好，而大酒类似于白兰地，品质与价格都偏高。

苏轼的友人不远千里捎带的酒，能保证长途而不变质，其为大酒的可能性更高。

从描写宋人的一些小说中也不难看到，《水浒传》中梁山好汉们大口吃肉大碗喝酒，武松连饮十八碗的酒，都应该是小酒无疑；但在《金瓶梅》中西门庆府上用菊花小盏喝的便是更珍贵的大酒。

据专家考证，“大酒”在原料选用、工艺操作、发酵方式以及酒的品质等方面都已经与今日泸州酿造的浓香型曲酒非常接近。应当说，从酒文化的传承脉络和生产技术的传承关系考察，它应是后来泸州老窖大曲酒的早期形态，也是今日泸州老窖酒的宗源所在。

酒业的兴盛和“大酒”的出现，为古江阳酒业的繁茂带来勃勃生机。泸州这个“三省同衢”的物资集散地、巴蜀与吴楚交通的第二大港口，在宋代已成为《太平寰宇记》所称的“五商辐辏”的巨港名都，与成都、重庆三足鼎立。那时的泸州，到处都是酒楼酒店，城里城外，千家万户，到处是酿酒的热浪、饮酒的欢乐。正如宋代诗人唐庚所云：

【五商辐辏】

很多商人来来往往的马车痕迹，相当于现代城市里上下班高峰期堵车般的盛况。

百斤黄鲈脍玉，
万户赤酒流霞。
余甘渡头客艇，
荔枝林下人家。

泸州的酒业随着历史的发展不断前进，在每一个不同的时期又赋予了泸酒特有的风貌，而其过程绝非简单的叠加，正如技术的进步有来自前者的传承，也有后者的不断革新，进而有机地结合在一起。泸酒在秦汉之时犹如懵懂的孩童，带着汉代的朴拙之气，到了兼容并蓄的盛唐，泸酒构建了自己浑厚丰满的体魄，再到宋代，沾染了诗人名士风雅的气质……泸酒还在变化，在历史的激流中不断充实着自己的内涵。

※元代尚饮

发展技术是硬道理

2005年7月12日，元青花“鬼谷子下山图”罐，在英国佳士得以2.3亿元人民币的天价拍出，成为亚洲艺术品中的天字第一号，从而震撼了国内学术界、艺术品收藏界和投资市场，至今仍然是研究和爱好中国瓷器者热议的话题。

为何元青花如此“值钱”？这就要从中国的制瓷史说起。我国虽在唐代已经烧制青花瓷，但成熟的青花瓷器诞生在元代，元代是一个承前启后的重要时期。明中期为青花瓷的巅峰，而元代中晚期景德镇已开始大量生产青花瓷。但是由于明早期对元器损毁巨大，以至于如今元青花瓷存世较少，而且元青花上少写纪念款识，也是学术界一大争议。物以稀为贵，物以争为显，由此，元青花便成为一器难求的珍品。

元代，承前启后，为中国文化，为生产技术。只是多数人误解那是一个“蛮荒”的时代。提及扩张的多，说杀戮的也不少，一百六十年的统治时间似乎也在向人们揭示一个不争的事实——短命的暴君统治的时代。

无论是否是暴君统治，无论是哪个民族的统治，甚至不同宗教信仰的民族统治……生产力的发展，是不为人的意志，不为统治者个人意志所转移的。顺生产力发展的统治，不一定会长治久安，全因制约统治的综合因素太多，但逆生产力发展的统

治，一定不会长存。

秦始皇焚书坑儒，是为了统一帝国的精神主导，但焚的不是农林技术书，坑的不是技术人员。若是哪个朝代的帝王，连生产技术人员都不放过，这样的国家迅速衰亡也就不难理解了。

为数不少的史学家，以大汉民族为正统，所以一般不单独提及元代的刹那芳华，但不争的是，宋元是我国传统科学技术发展的高潮时期。在元代，生产技术的各个方面都延续了宋代的发展，并超越宋代。制瓷业有元青花，天文历法有《授时历》，数学有“天元术”、“四元术”……酿酒业出现了甘醇曲酒。

清道光进士张宗本的遗著刻本《阅微壶杂记》第四卷《乡土杂拾》有如下记载：“揭止元帝泰定年间，泸州始有脱颖而出者，曰：郭怀玉是也。郭氏祖籍戎州，而怀玉为泸产。十四岁学艺，四十八岁则创制酿酒新曲药，名曰甘醇，用以酿出之酒，浓香甘洌，味醇可口，优于回味，更辅以技艺上之改造，至此而大曲成焉。”

这段文字记载中的郭怀玉改进曲药的故事前文已作了叙述。现在看看这段文字中的两个关键词：“创制”、“改造”。这就是一种对酿酒技术的改进。为何改进？源于之前的酒辣、烈，不适口。比如《牡丹亭·肃苑》有一句白描：花朗大叫一声“狠烧刀险把我嫩盘肠生灌杀！”当时烧酒的烈性由此可见一斑。

从纵向发展来看，酿造白酒的技艺在元代有了创造性的革新，但是在当时，从横向上比，则可看出，这种酿酒技艺的改革是势在必行——竞争很激烈，不在变革中生，则会在守旧中死。

【元青花鬼谷子下山图罐】

元代发明的甘醇曲，是今天泸州老窖酒酿制所用曲药的前身。

泸酒发展的里程碑

史料并不代表真相，但无史料则无真相。我们可以从文字中找到真相的蛛丝马迹。看看马可波罗是如何描述元代，这个善饮的少数民族统治者统治下的一片奢华饮酒之风：“殿中有一器，制作甚富丽，形似方柜，宽广各三步，刻饰金色动物甚丽。柜中空，置精金大瓮一具，盛酒满，量足一桶。柜之四角置四小瓮，一盛马乳，一盛驼乳，其它则盛种种饮料。柜中也置大汗之一切饮盏。有金质者甚丽，名曰杓，容量甚大，满盛酒浆，足供八人或十人之饮。列席者每二人前置一杓，满盛酒浆，并置一盏，形如金杯而有柄。”

元宫廷中豪饮的美酒数量多，品种也多，集中了全国各地的名酒佳酿。主要有四类：少数民族传统饮料马奶酒、西域的葡萄酒、汉族江南的黄酒，以及中原的白酒。除此之外，元代宫廷太医忽思慧所写的《饮膳正要》中还记载有虎骨酒、枸杞酒、地黄酒等滋补酒类和一些少数民族地区的特有酒类。可以说，在元代这个多民族大融合的时期，酒类饮料的种类蔚为大观，白酒（烧酒）若想脱颖而出，并非易事。

汉风朴拙，可以接受浊酒；唐风开放，可以不介意有绿蚁（酒渣）漂浮的新酒；宋风雅致，可以用青瓷小盏盛着烧酒慢慢品酌。但是元代，喝惯了马奶酒的甘甜，接受了葡萄酒的果味，尝试了黄酒米酒的清爽的大碗喝酒的少数民族，很可能难以接受经过蒸馏，酒精度数偏高，还口感燥辣的需要慢慢品鉴的白酒。

由此可见，郭怀玉改进酒曲，发明出命名为甘醇曲的大曲药，酿造出中国第一

【元代酒具】

代浓香型大曲酒，有其偶然性，但对于泸酒，甚至是中国白酒的品质，却是有其必然性。

白酒行业里，酿酒师间口耳相传着一句话——“曲定酒型，曲乃酒之骨”，这句行话是什么意思？须得先行了解酒曲有什么作用。作为白酒酿造过程中不可缺少的糖化发酵剂，曲药其实可以看做一个微生物生长的乐园，其中的霉菌和酵母菌等，使酿酒原料中所含的淀粉在糖化的同时酒化，终而成酒。中国的酿酒历史和人类文明历史一脉相承，何时有人，何时有酒，何时便有曲。从殷商中兴之王高宗武丁与其宰相傅说的谈话“若作酒醴，尔为曲糵”中的散曲；到酿造中唐白居易诗中“荔枝新熟鸡冠色，烧酒初闻琥珀香”所提烧酒的小曲；再到《阅微壶杂记》所载郭怀玉于四十八岁创制的大曲。人类历史在发展，曲药在改进，酒则日臻其美。最早的散曲，多是发霉发芽的谷粒，含有的微生物其实不纯，糖化和酒化的能力也比较弱，造出的酒口味比较稀薄；而后魏晋时期出现的小曲，微生物的种类与数量都同散曲很不相同，造出之酒酒体渐趋丰厚，但落喉后回口嫌短；直至元泰定年间郭怀玉在泸州创制的大曲，以小麦为原料，网罗并培养出大量有益微生物，在酿制过程中使原料糖化并酒化，所产之酒酒体尤为丰满，且浓香甘洌、优于回味，根植于农耕文明的中国白酒，大约才真正当得上一个美字，被称为美酒。

如果没有“浓香甘洌、优于回味”的大曲酒问世，很难想象之后中国白酒的历史会不会被改写。从这个意义上说，郭怀玉不仅是泸州酒业发展史上的伟大革新者，亦是中国第一代浓香大曲酒的创始者、开山鼻祖，一点也不为过。

蔚为大观的元尚饮之风

酿酒技术的革新与当时的酒风盛行之间，相辅相成，不可分割。相比唐宋的饮酒，元代尚饮，毫不逊色。

元代的蒙古族皇帝，金戈铁马，喝起酒来，与唐玄宗、宋徽宗抱着美人弹曲唱词的风雅不同，多少“狠”了点，甚至有那么点现代人喝“滥酒”的感觉，喝到伤身也在所不辞。比如开国皇帝忽必烈喝马奶酒过量，导致了“脚疾”（可能类似痛风一类的疾病），请遍全国的名医，也没得到根治。忽必烈自己有了喝酒的后患，便以身作法，教育自己的儿子元成宗铁穆耳少喝酒，但不曾想，这个铁穆耳嗜酒成性，就算忽

【国窖1573高尔夫会员尊享酒品】

【国窖1573·定制壹号】

必烈软硬兼施，先教育后施加棍棒，甚至找人来监视他，他还是要偷着喝酒——酒的魅力可真大。

皇帝嗜酒，当然也有财力宴请大家来喝酒。“万羊肉如陵墓，万翁酒如泽。”元代宫廷内的宴请规格与奢靡程度堪比商纣的“酒池肉林”。元宪宗蒙哥汗即位之时，宴饮作乐的时间整整一周，其间每天要消耗两千车酒、三百头牛马、三千只羊。元朝中后期，财政屡显赤字，与此宫廷宴饮无度不无关系。

元代皇帝不拘小节，没有沿袭宋代喝酒的雅致，但是在文人士大夫群体中，喝酒依然是一种相对“美妙”的活动。当时的元杂剧名伶张怡云，因为能诗词，善谈笑，技艺超群，经常引得京师内的达官显贵到她家中小酌，且视其为红颜知己，千金买其一笑也在所不惜。可见，在元代，文人饮酒，还是要有懂得琴棋书画的美人相伴，才有乐趣。

元大都城外有一处风景绝好的万柳堂，赵孟頫等名士经常在此饮酒作乐。一次，饮到微醺时，歌姬左手拿着荷花，右手端着酒杯，唱起了元好问所作的《骤雨打新荷》。美酒，佳人，余音袅袅，不知不觉，赵孟頫也来了兴致，赋诗道：“手把荷花来劝酒，步随芳草去寻诗。”

在元代，并非所有的文人都能有赵孟頫那么“好命”。元代很长时间以内废除了科举制度，大部分没有背景的文人，尤其是汉族的文人，可谓空有一腔热血，而无报国之门。元曲四大家之一的白朴便是其中之一，立志不进仕途后，白朴也是纵情于酒

【元代饮酒图】

色，却也成就了《墙头马上》、《梧桐雨》等著名元曲。

文人得志，可饮酒挥毫，文人不得志，亦可借酒消愁。酒之于文人，无论是哪朝哪代，真可谓是不离不弃的真知己啊。

元代饮酒群体中还有一些特殊的人——僧道。元代对境内的各种宗教都采取鼓励与扶持政策，寺院道观内的人口众多，便有了“实业”：酿酒，卖酒。酿酒的僧道自然也会饮酒。与大闹五台山的花和尚鲁智深不同，元代饮酒的僧道多为文化修养较高的“隐士”。文人士大夫们还都喜欢跟这些僧道攀交情，一起饮酒，这便是元代特有的“方外交”现象。

比如诗人杨载的诗文，“老禅嗜酒终不醒，强坐虚檷写清影”中赞誉的正是书画双绝，尤为擅长画葡萄的嗜酒僧人温日观。这类饮酒的僧道，终日吟诗作画，云游四海，各地的酒家还争相为他们供应美酒，以为“仙人”。

其实，从另外一个角度来看，这些僧道其实是宗教文人，只不过比那些入仕途的文人有个自由身罢了。书画宗师黄公望入了全真教，号一峰道人，隐居山林，也是酒坛不离手，提笔不离酒坛……只是不知道现代人在欣赏《富春山居图》残卷时，是否能透过墨迹，嗅到飘逸在磅礴山林间的一丝酒气？

元代的青花瓷、白朴的曲、赵孟頫的书、黄公望的画……历史的脚步一刻都不曾停止，只留下了各种绚烂的文化财富供后人赏鉴，唯有甘醇大曲酒风采依旧，醉古人，醉今人，飘香四溢。泸酒发展史中常被人言及的是“始于秦汉，兴于唐宋，盛于明清”，其实这中间还应该有一条“承于元代”，没有元代饮酒的风尚，没有元代郭怀玉对于曲药的改革，泸酒则不会有明清时的盛世绽放。

※明清畅饮

以酒识人

明太祖朱元璋马上打下江山，坐上皇帝宝座，但对身边功高可撼主的大臣并不放心，这似乎是所有皇帝的心病，谁都不能免俗。与宋太祖杯酒释兵权略有不同，明太祖喜欢以酒识人，而且最喜欢把大臣灌醉，看他们酒后失态的样子，判断其忠心与否。

摄影©胡大田

【国窖酒具】

【68° 温永盛原窖酒】

一次，朱元璋请开国功勋徐达喝酒，从傍晚喝到深夜，徐达几次都想告退，但朱元璋频频举杯。此番“好意”，徐达不敢不喝，直到烂醉如泥。朱元璋吩咐侍卫将徐达送到自己的旧寝睡觉，而在当时如果有人敢睡皇帝睡的地方是忤逆大罪。果然，徐达醒后吓得半死，滚下床后又是跪拜，又是磕头，十分狼狈。朱元璋听了侍卫的描述后心中大喜，认为“胆小”的徐达绝不敢有逆心。

享受皇帝酒宴的不止徐达一人，还有开国功臣郭德成。朱元璋把他灌醉以后，塞了两锭金子给他，说：“好好拿着，回去别告诉他人。”郭德成拿了金子，虽有醉意，但是心中还是觉得蹊跷。毕竟伴君如伴虎，性格多疑的皇帝培养出的臣子不得不留个心眼，这是多年的“战斗”经验。于是他借着醉酒摔倒了，故意露出了金子。侍卫见他从宫里带了金子，便将其拦住。一切尽收朱元璋眼底，他觉得郭德成没有胆量拿金子，又因醉酒摔得如此不堪，定没有豹子胆跟自己作对。

其实民间也不乏朱元璋这样喜欢以酒试人的领导。酒在他们的心中，就是测试剂，酒宴就是工作之外测试你忠心程度的“鸿门宴”。如若不幸遇到这样的领导上司，你不喝酒就是不给领导面子，喝醉了大倒苦水就是傻子，酒后失态就是不可委以重任的把柄，酒后不哭不闹又不说“真心话”的则为有异心的疑点……所以不妨学学徐达、郭德成，喝醉就睡，或是出点无伤大雅的洋相，逗领导一乐。装傻充愣，有醉身而保持内心的清醒，才是应付此类酒局的万全之策。酒品如人品，饮酒之人，需时刻自省，切勿因酒而失品。

【明代酒具】

明清酒尚

除去那些不得不喝的“官场酒”以外，明清世俗生活日渐繁华，民间喝酒的方式也越来越轻松。没有唐宋那么雅，却也比现代人毫不讲究的喝酒方式，多了一份趣味。比如在明清，骰子令大行其道，已经有了数十个种类，上百种玩法。

同样是以点代意的玩法，便可以将骰子点想象成人和的事物，然后根据情境制定酒约，再按约饮酒。例如中秋赏月的酒席有赏月的骰子令；喜宴上又有鸳鸯蝴蝶令；出门经商的有一路发财令等等。

明清的酒令发展极快，文人便有了兴趣编制专门的酒令书，例如清人俞敦培专门收集整理了清末之前的酒令，多达三百二十二个类型。还有从唐代酒令演化而来的拳令和投壶令。在《红楼梦》第六十二回中，宝玉过生日，众人来为他祝寿，宝玉提议行酒令，于是香菱就把射覆、骰令、拇战等名称写好，搓成阄，放在一个瓶子里，让众人来抓阄，结果袭人抓到“拇战”。接下来小说写起了众人划拳的场景，有声有色：湘云宝玉三五乱叫，隔着席的尤氏和鸳鸯也起兴地喊起了七八，因贾母与王夫人不在，大家便恣意取乐，满厅红飞翠舞、玉动珠摇。

【古人饮宴图】

其实，这样的划拳规则很简单：两个人同时伸出一只手，用拳或伸出一到五个手指代表零至五的数字，然后口中念出任意零至十的数字，念出的数字与两人所出拳的数字之和相等的那个人为赢家。这样的极为简便通俗的酒令，在文艺气息浓郁的大观园中也会盛行，只能说明在明清，这种通行的酒令实在太容易撩动酒宴中热闹的气氛，极具娱乐性，当时的酒风便亦可见一斑：简便、世俗、热闹。

还有一种源远流长的酒令，在明清时期得到了大发展——投壶。从字面意思理解，就是往设置在某个地点的壶（铜壶居多）内投入箭矢，一次八支，投中多者为胜，罚输者喝酒。这是从“射礼”演变成的一种酒令游戏。明人侯珣《投壶奏矢》中记载，当时的投壶方法达到了一百四十多种。北京中山公园内的“来今雨轩”北面的十字形亭子，原名“投壶亭”，为明清两代帝王投壶之地。可见，当时的投壶酒令，是不分高低贵贱的酒中游戏。另外明清时期流连于青楼的达官文人，还玩一种另类的“投壶”酒令，便是把妓女的鞋子——“金莲”当壶，往其间投掷莲子、红豆等，输者便用“金莲”盛酒饮酒为罚。其实投壶与现代欧美酒吧内设置的飞镖游戏极为相似。

不难看出，明清时期的饮酒风尚，越来越世俗化、娱乐化，饮酒已经不是一件难事，而是一种全民娱乐的方式。

明清时期的酒文化，有别于前代之最突出的一个特色，便是“养生”。明代成书的《本草纲目》中有药酒方两百余种。明代的皇帝崇尚炼丹以求长生不老，对于药酒的发展有一定的促进作用，到了清代鼎盛时期，比如康熙、乾隆等帝，尤为推崇喝养生酒，这也是清帝平均寿命有了很大提高的一个原因。

总而言之，明清时期有买醉的酒鬼，但民间以饮酒为日常取乐更为普通，喝酒是为了快乐、健康的风俗，则为那个时代的大基调。

盛世绽放

明清时期，无论是社会生产还是科技发展，都远超前代。在社会富裕的前提上，酿酒业有了长足的发展，出现了许多闻名遐迩的名酒。其中尤其以蜀酒的发展最为突出。泸州老窖作为浓香型白酒的始祖，明代中叶由被后世尊为国窖始祖的舒承宗始开八口窖池而创建，酒坊命名为“舒聚源”，据考乃是泸州第一家规模酿造且挂牌面世的酿酒作坊。累世经营后，舒家家道中落，先后转卖给杜姓人家和饶姓人家，到清代

同治年间，为广东迁居至泸州的温氏第九代传人温宣豫将其购下，改名为“温永盛”酒坊，酿造出“三百年老窖酒”，在当时颇受各界好酒人士的喜爱。“三百年老窖大曲酒”家族传承，百世流芳，到温家第十一代传人温筱泉时，其声名愈噪。

1943年，温筱泉的好友章士钊来泸,有《答筱泉并谢见赠旧窖名酒》诗曰：“秋风又拂古泸阳，重问高人水一方。……名酒善刀三百岁，却惭交旧得分噆。”章士钊在《赠筱泉》一诗中还写了一笔名句：“温家酒窖三百年，泸州大曲天下传”。

明代大诗人杨慎对当时的泸州美酒大加赞誉，写下了“玉壶美酒开华宴，团扇惊风坐午凉”，“江阳酒熟花如锦，别后何人共醉狂”的佳句，让今人一睹当时泸州酒城内的“酒”生活画面：酒宴不断，酒后乘凉，酒熟如花，酒醉人狂。

到了清代乾隆年间，著名诗人张问陶路过泸州，也为泸酒之美所陶醉——写下《泸州》：“城下人家水上城，酒楼红处一江明。衔杯却爱泸州好，十指寒江给客橙。”其中“城下人家水上城”一句写明了当时泸州作为四川地区重要商业口岸的地理位置与多水的环境；“酒楼红处一江明”道出了泸州酒肆林立，到了晚上华灯初放时，便把江水都照得分外明亮的繁华商业场景。

有了天时地利人和，渊远流长的酿酒传统，源自明代的老窖作坊，繁华的港口商贸，泸州当地的酒窖如雨后春笋般兴建。在清代后期，城内遍布曲酒作坊，其中可考者有温永盛、天成生、协泰和、义泰和、春和荣、永兴诚、洪兴和、爱仁堂、大兴和等十余家，年产曲酒240吨以上。因此，民间流传有“酒窖比井还多”的说法。

武侠小说家古龙一生好酒，多次在其作品中用到泸州大曲（泸州老窖特曲之古称），《英雄无泪》《楚留香传奇》《绝代双骄》《绣花大盗》等，均有提及，或是英雄相交把酒言欢，或是侠客独酌以慰私情。而在被无数古龙迷考证为以明朝为故事背景的《陆小凤传奇》中，陆小凤同花满楼更是有过这样一段对话——

陆小凤笑道：“看来听话的人总是有好处的。”

花满楼道：“什么好处？请你喝酒？”

陆小凤道：“不错，这次人家已经请我们喝酒了，下次说不定还要请我们吃肉。”

花满楼道：“这是真正的泸州大曲，看来霍大老板拿出来的果然都是好酒。”

陆小凤笑道：“但好酒却不是用鼻子喝的，来，你一碗我一碗。”

花满楼道：“这种酒太烈。一碗我只怕就已醉了。”

陆小凤道：“好，你不喝我喝。”

【温永盛酒坊酿出的三百年老窖大曲】

古大侠著书一向严谨，其著作频频提及泸州大曲，当然不只因他本人是个好酒懂酒之人，对泸州大曲一向倾心；更是因确然有这么一种酒，它款款自那个时代化生，盈盈自那个时代走来，一直走到今天，从历史深处，走进如今我们的生活中。

徽商营泸酒

明清时期泸州酒业的繁荣以及经营酒坊带来的巨大效益，不仅造福当地百姓，也吸引了当时享誉全国的徽商。徽商是中国历史上十大商帮之一，始于东晋，长于唐宋，盛于明。在其鼎盛时，徽商的总资产曾占有全国总资产的百分之五十以上，足迹遍布全国，贸易范围涉及日本、东南亚，甚至到了欧洲的葡萄牙。

正是在明代，泸州的酒业繁盛之时，具有敏锐商业嗅觉的精明徽商发现泸州当地酒业根基雄厚，美酒的利润巨大，再加上便利的水陆交通，于是纷纷在泸州注资，与当地的酒坊老板合作，参与经营。

酿酒与卖酒，一个需要精湛的技艺，一个需要灵活的头脑。一般情况下，技术

【温永胜】

温家祖籍是在广东经营酱醋业的大户，清雍正七年（1729年），也就是历史上著名的“湖广填四川”期间，同很多湖广人一道，从广东举家迁移，落户到泸州。

温家世代经商积蓄颇丰，也颇具眼光，在清代同治八年（1869年）买下泸州著名的老字号，即明代舒承宗所建立的“舒聚源”酒坊，改名为“豫记温永盛”酒坊，请酿酒技师，酿制三百年老窖大曲。并烧制有铭款的瓷质包装瓶，推出老窖品牌并配合各种广告，远销各地。

当时“温永胜”的掌门人是温镛，他没想到自己的孙子辈中的温筱泉，竟然在日后让“温永盛”的老窖酒名扬四海。

温筱泉早年并没有继承祖业经营酿酒，而是读书走科举之路，并颇有建树。在京为官期间，温筱泉目睹了国家的内忧外患，军阀把持大权，国会无力维护国家的统一，他不介入国会内的派别斗争，却常常与实业家张謇、教育家黄炎培讨论实业救国之道。

1913年，袁世凯解散国会后，温筱泉赶回泸州，全力提倡实业救国，振兴民族工业，改豫记为筱记，即“筱记温永盛酒厂”，发展酿酒业。温筱泉回到泸州后，率领温家家族上上下下专心经营温永盛“三百年老窖”酒坊，发展泸州老窖大曲酒酿酒工艺，提高曲酒质量。在其祖父于清代就推出的泸州“三百年老窖”品牌的基础上，进一步宣传泸州酒，多次获得南京、重庆、成都劝业会及上海展览会、北洋劝业会奖项。

为了纪念巴拿马运河竣工通航，促进世界经济贸易，1915年在美国旧金山举办了万国博览会，中国第一次以多种民族工艺产品参展。当时中华民国政府选送了本地最有名气的“筱记温永盛酒厂”的泸州老窖特曲酒。温筱泉精选了几十斤洞藏于龙泉洞的陈年老窖酒，采用一市斤重的土陶罐分装，外用特制木箱密封，远渡重洋，赴会参展。

在博览会上，经鉴定评选，中国泸州老窖特曲酒，以卓越的品质，悠久的历史文化，醇香浓郁、清洌甘爽的风格，被评为国际名酒一等奖，从而荣获旧金山巴拿马太平洋万国博览会金质奖章和奖状。据《中国食品工业年鉴》记载，这也是中国白酒最早荣获国际金奖的产品。1916年4月，金奖被迎回泸州，四处张灯结彩，有人在温永盛酒坊上写上字联“三百年老窖，十一代酒家”进行庆祝。

【徽商在泸州留下的“安定遗徽”门牌坊】

人员按部就班，虽然严谨，但多了一份执著的刻板。与人交往，尤其在参与销售的时候，显得不够灵活多变。因此很长一段时间，泸州的美酒多数只在当地消费，而远在外地的人，鲜能有幸得之，名声虽远，能尝其滋味者少之又少。与简单耿直的酿酒人不同，徽商世代从事商贸活动，不仅有着灵活变通的经营手段，还有着那么一股敢为天下先的“冒险精神”。

风险总与收益成正比，徽商在明代就突破了当时的禁海政策，无疑成为海外贸易的先行者。在泸州经营酒业的时候，徽商正是秉承着这种开拓的精神，将泸州大曲酒远销到了南洋、东南亚。当然，这也是基于泸州大曲酒品质的卓越，还有泸州当地便利的水陆交通。

徽商的资金投入，为泸州酒业的发展锦上添花。同时，徽商的经营模式和文化、消费等诸多方面的理念也深深影响着泸州酿酒人。可以说，日后泸州大曲酒敢于在中国白酒中第一个冲出国门，赢得巴拿马金奖，也是这种开拓进取精神的延续。

泸州并未忘记徽商这群异乡人对于泸酒发展的贡献，这里至今还保留着明清时期徽商的重要遗迹——“安定遗徽”的门牌坊。

如今飘香在泸州城内挥之不去的酒香，正是源自历史的不断陈酿，经过了各朝各代酒风的渲染：秦汉的朴拙代表着世代耕耘在此的农民与酿酒技师；盛唐的开放给予了泸酒兼容并蓄的胸怀；两宋的雅致赋予了泸酒自古受到文人雅士偏好的气质；元代的技艺传承带给泸酒不断进步的品质；明清繁华商业促进了泸酒走出川南，面向广阔世界的脚步……传世的诗词歌赋、历代的精美酒器、历史上的各种传说，都不能一一道足泸型酒的传奇。唯有在舌尖绽放的那一滴美酒，穿透了历史，浸润着心灵，带给品者心灵上的某种触动，品酒亦在品历史，其中万般滋味，只有饮者自知。

※历经坎坷的国窖1573——品牌拯救了老窖

“老县长酒”也曾叹息

泸州大曲酒，虽传承百年，美誉满天下，在好酒之人的心中占据着不可动摇的地位，但是在很长一段时间内，它未有品牌之概念。

【一酒难求的老县长酒】

【独属于那个时代的令人怀念的泸州老窖老版头曲】

不过这在当时并无影响，因为直到新中国成立后的很长一段时间里，泸州老窖特曲酒还是“紧俏物资”，被戏称为“老县长酒”， 意为只有县长及县长级别以上的人，经过酒厂厂长的批条，特许后才能购买到。那时，泸州老窖特曲酒一酒难求可见一斑。据已经退休的老厂级干部回忆，80年代中期，厂里为庆贺荣获巴拿马万国博览会金奖七十周年而在北京召开庆祝会，副总理亲自慰问接见，那个时代的泸州老窖可谓风光无限。整个酒厂，一年的利税总额达1个多亿，比川酒其他五朵金花的总和还要多得多，当之无愧地被尊为行业老大。全国各地的名酒厂纷纷前来朝圣取经，以能得到泸州老窖指点一二为荣。“浓香鼻祖，酒中泰斗”之名在那个时代被诠释得淋漓尽致。

计划经济时代的无限风光并没能长盛不衰，90年代初，随着市场的逐渐放开，面对不确定的市场未来，当其他名酒纷纷提价走“高端”之路时，泸州老窖却逆势而行，提出了“变名酒为民酒”的品牌战略——变难得一见的珍稀“名酒”，为老百姓家家户户都能喝得起的“民酒”。当地人有一个戏称，不仅将泸州老窖称为“老县长”，还称做“皇帝的女儿”，因泸州老窖特曲一届名门，像皇帝的女儿不愁嫁一样不愁销路。可当其他名酒的价格一升再升，“皇帝的女儿”的身价却一降再降。当“喝酒喝面子、喝酒喝身份”的消费意识逐渐成为这个时代的主流，血淋淋的现实证明了泸州老窖这个时期品牌战略的错误。当年被泸州老窖远远抛在身后的小兄弟们一一将它赶超，痛失“行业老大”的“金交椅”，“老县长”徒留一声叹息。

摄影◎田积

【上世纪绝版老酒——泸州老窖工农牌特曲】

直到今天，老一辈的泸州老窖人还清晰地记得当年走过的惨痛岁月。对于泸州老窖人来说，与其说酒厂是一个工作单位，不如说是他们的家。他们祖辈都在酒厂工作，家庭的血脉和命运早已和酒厂联系在一起，对酒厂的感情很深。

郭女士的祖辈都是泸州老窖人，80年代就进入泸州老窖酒厂工作，亲历了那段暗淡岁月，谈及这段过去，郭女士的表情一直很严肃，皱着眉。这确实是一段辛酸的经历。

90年代，随着白酒市场竞争的加剧和泸州老窖战略的失策，泸州老窖产品在市场上销量堪忧，市场占有率一落千丈。为了打开销路，厂内作出决定：所有年轻骨干都要去各地跑销售，跑市场。郭女士就是其中一人，当时的泸州老窖在经销商的眼里是个没有太多利润的牌子，虽然名声在外，但不再受消费者的青睐，于是他们并不会对来自老窖的销售人员有太多的好感。郭女士跑市场的时候可谓看遍了市场的势利冷眼，不接待的人有，直接回绝的人更多。她没有气馁，还是一家一家地跑，一家一家地销售……她的真诚感动了经销商，而经销商最多买几瓶泸州老窖特曲酒，仅仅算作给朋友的面子。

郭女士回忆道："那时不像现在，一个市场有一个团队去打拼，当时我们一个销售人员管几个省的市场，出差一次要两个多月才能跑完自已管的所有城市。没有什么同伴和朋友，只身一人在一个完全陌生的地方，受了经销商的冷遇，也找不到人倾诉。你能够想象，那时我很年轻，从经销商那里出来，一个人拖着行李走在陌生的街道上，已经是夜里了，还没有找到住的地方，心里边其实格外委屈。但那时候在路灯中看到一个泸州老窖的广告牌，就像下班时看到了家里亮着的灯光，心里就会觉得温暖，觉得看到了熟悉的东西，像是回到了家一样。"

泸州老窖人是把酒厂当做自己的家，在自己的家面临不幸的时候，每个老窖人都不曾轻言放弃。虽然当时的前途确实看不到光明，让所有的泸州老窖人揪心，却也无奈叹息。

源自三十六家明清酒作坊、传承数百年的技艺难道就这样走向没落?

中国白酒中的翘楚，一代浓香型的宗师难道就此而甘于人后?

从百花齐放到一枝独秀

明清时期泸州当地酒业繁荣，仅可考证的就有三十六家私人酒作坊，他们各有特色，且坚守着自家酿酒的“秘诀”，如同现代人严守商业机密般守护着酿酒的绝活儿。直到公私合营，传承了百年的酿酒秘诀有了一个大融合、大促进的机会，而那些一直在持续酿酒的酒窖也一同开始演绎泸州老窖酒厂的历史。

三十六家酒作坊中，最古老的莫过于传承自明代万历年间的温永盛作坊；最有特色的莫过于中西方文化对撞的奇葩爱仁堂作坊；还有在当时就将白酒远销至广东、福建、南洋的天成生作坊……这些作坊中，虽技艺有不同，修建窖池有早晚，但无一不折射着泸型酒在历史中形成的“独具匠心”，或婉约如香花酒，或古朴如温永盛大曲酒，或有开拓精神的天成生白烧醣，无一不凝结着数代酿酒技师的智慧与勤劳。

泸州老窖酒厂合并了三十六家酒作坊，但并非简单的技艺叠加，而是一种结合之后的升华。这些作坊中，最古老的酒窖距今有四百多年的历史，最年轻的也在百年以上。老窖持续酿酒，日久愈生香，技艺延续传承，融会贯通，这些都是泸州老窖酒的魂魄之所在。

如果仅仅因为市场的变更而停止了酿酒，那么感到悲伤的不仅仅是热爱泸酒的

【爱仁堂】

川人不排外。

正如一个人，对待陌生人能够不心生抵触，既有从未受到来自陌生人伤害的原因，也是强大自信心的一种表现。中国历史上的几次南迁，给四川带来的多是先进的技术和生产力，是好事。泸州处于江边港口，大凡交通便利之地的人们，心态相对也要开放很多。正是由于泸州人的不排外精神，才有了泸型酒兼容并蓄、博采众长的风采。

清代道光年间，帝国主义用坚船利炮轰开了清王朝的闭关锁国。当时的国人多信奉义和团可以刀枪不入，灭夷扶清，对洋人基本都充满了仇恨。然而在泸州，有一位法国的传教士光明教主却受到了礼遇。泸州当地一个酒坊的老板刘皇珍结识了光明教主，从教主那里学习了西方酿造葡萄酒的技术，并根据宗教的仁爱精神，给酒坊取名“爱仁堂”。

无论战争多么残酷，民族矛盾如何激烈，老百姓是无辜的，人民之间的文化、技术交流是必然的。

刘皇珍虽然了解了葡萄酒的酿造技艺，但苦于泸州当地不盛产葡萄，于是便就地取材，采用鲜花、鲜果为原料，与法国酿造葡萄酒的传统工艺相结合，生产果露鲜花酒，取名“露酒”。当时酒业的包装皆按照传统用瓦罐包装，刘皇珍大胆革新，根据葡萄酒瓶装技术，用玻璃瓶独创一格，声名大噪，使得爱仁堂的露酒口碑仅次于名曲温永盛。

随着知名度的不断提高和业务的发展，爱仁堂的酒供不应求，在北京、天津设立了分店。酒的品种也日渐增多，花酒的品种有香花酒、玫瑰酒、佛手酒、薄荷酒、口里酥等。其中，特别以香花酒为著名，其醇香浓郁，品尝过的人都有口皆碑，无不赞赏。当时泸州老窖大曲和香花酒被誉为“姐妹花”。

香花酒不仅深受女士们的爱戴，连当时四川的大军阀刘湘为鼓舞士兵作战士气，都以泸州美酒作为诱饵，喊出了“打到泸州吃香花酒”的口号。

香花酒的出现，丰富了泸州酒的品种，也是东西方文明的一次碰撞。正如郎世宁给中国传统的水墨画带来了油画的透视写实技巧般，泸州的香花酒为中国传统白酒的种类，又增添了一种极具甜美口感的发酵低度酒。

【爱仁堂“花酒”全家福】

人、辛劳酿酒的技师，还有那些从未间断过酝酿美酒的有着优良微生物基因的老酒窖。一旦酿酒被终止，那些微生物便会从此消亡，不可再造。所谓历史的积淀也将不复存在，泸州老窖酒也将只能保存在人们的记忆中……如果这样，中国的酿酒业不仅要蒙受损失，中华民族也将失去一笔宝贵的财富，泸州老窖人绝不允许这样的悲剧上演。

浓香型一代宗师

泸州老窖酒，在90年代痛失行业老大的金交椅前，可谓风光无限好，独领风骚中。

1956年至1958年间，国家轻工业部为了总结推广泸州大曲这个古老民族遗产的

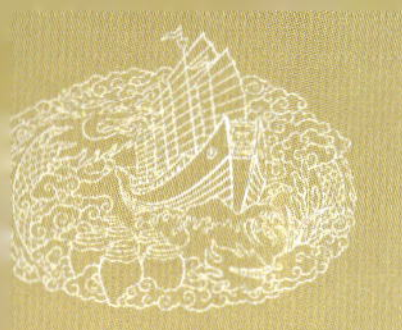

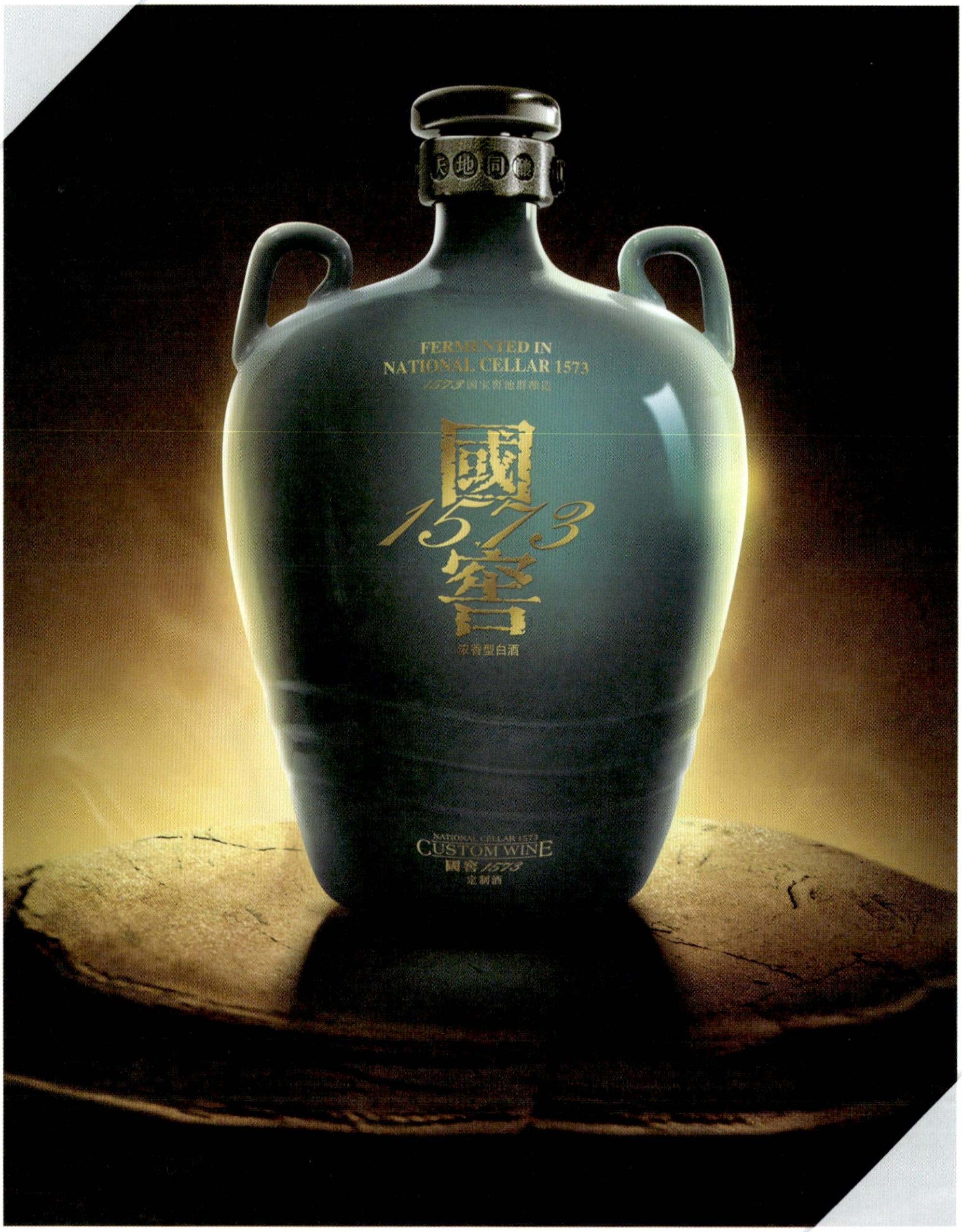
天地同酿
FERMENTED IN
NATIONAL CELLAR 1573
國
1573
窖
浓香型白酒
CUSTOM WINE

【国窖1573大坛定制】

传统工艺，大力发展深受消费者喜爱的浓香型大曲酒，由四川省酒类专卖局和糖酒研究室（现四川省发酵研究所）派出酿酒专家组进厂考察具有四百多年历史的1573国宝窖池群和泸州老窖酒传统酿制技艺。他们收集泸型酒史料，总结传统生产工艺，并在1959年编写出版了国内第一本介绍浓香型大曲酒酿制方法的酿造工艺书《泸州老窖大曲酒》。

浓香型白酒是我国当前最盛行的酒种，其生产厂家之多，产销量之大，市场覆盖之广，饮用者之众，远远超过其他任何香型的酒种，浓香型白酒能有今天的风骚，它的典型代表、发源地泸州老窖功不可没。

当时，泸州老窖酒厂总结了自己生产浓香型白酒的技艺，并敞开胸怀，将其技艺向四海传播，不仅欢迎各类酒厂的人员来厂内参观学习，还派遣有名的技师到其他酒厂传授技艺。

那时正好有一家同在川内的酒厂因各种原因不能产酒，泸州老窖便派出厂内的酿酒技师罗树清去当地现场指导。不料，该酒厂的人并不接纳外来人员的“指手画脚”，罗树清一人势单力薄，遭到围攻，打不开局面，无功而返。好心当做驴肝肺，一般人就此便会作罢，但泸州老窖人并不气馁，以酿酒大业为大义，再次派出多人去进行工作指导，下了一番苦工，终于酿出了好酒。如此大度，如此风格，非浓香型始祖不可拥有也。

泸州老窖人，自始至终都认为，酿人间好酒，并非为私利，而为责任，也是为普天之下好酒之人造福。

如果一代宗师就这样被市场淘汰，泸州老窖人不甘心，好酒之人也会扼腕，国窖1573的缔造者舒承宗九泉之下也不能瞑目。

【天成生】

据民国时期泸县地方志记载，仅清末年间，泸州当地就有“白烧醴户六百余家”，“大曲醴户十余家，窖老者，尤清冽，以温永盛、天成生为名。远销川东北一带及外省”。“白烧醴”就是俗称的烧酒，而大曲白酒属于烧酒中品质较高者，因其对窖泥、药曲、水质的要求颇高。这段旧志中提到的天成生曲酒作坊，始建于清康熙年，传世人郭雷氏，距今已有三百多年的历史，曾以其独特的“窖香浓郁，醇甜爽口，回味悠长”的特点而畅销省内蓉、渝等地，并远销福建、广东，出口南洋。该作坊的年代和盛名仅次于泸州城内的“温永盛”作坊。

品牌的机遇

顺应时代者昌，逆势而为者亡。

上天是否总是在眷顾泸州这片沃土，是否偏爱泸州老窖，不可知。但危机之时，机遇出现，为泸州老窖酒厂一个看似偶然、却实属必然、名之所归的“帮助”。

1996年，我国建造最早（始建于公元1573年）、连续使用时间最长、保护最完整的老窖池群——1573国宝窖池群，经国务院公布为行业首家全国重点文物保护单位。这是我国第一次把一群白酒酿造的古窖池推上“国宝”的宝座，被誉为同行业唯一的“活文物”、“中国第一窖”，以其独一无二的社会、经济、历史、文化价值成为世界酿酒史上的一大奇迹。

机遇总是留给那些有准备的人。

泸州老窖在获得“国宝”认证之前，已经完成了公司内部体制的变更。酿酒师的地位得到了显著的提高，他们不再是以前的讨不到老婆、社会地位低下的“烤酒匠”，而是享有优厚待遇的技术人员。正如烹调美食的大厨如果心情不佳，就不会创作出人间美味一般，心中有底气的酿酒师们，酿出的酒，也不再有“辛酸”与“无奈”。老窖还是那些老窖，技艺还是那些技艺，而酿酒人则有着超过以往任何一代人的热情。

与时俱进，对于泸州老窖来说，不是跟风，而是顺应时代进步的潮流，不是忘记过去，而是让过去在新时代中焕发新的活力。

“我们有着中国最古老的国宝窖池，我们有着传承数百年的酿酒技艺，我们有着最优秀的酿酒师……我们的美酒，为何不能让普天之下的爱酒之人所赏识呢？”泸州老窖人坚信，好酒需分享！

正是基于对自己美酒的信心，泸州老窖人开始了一条新品牌的探索之路。而日后，这个品牌不仅挽回了一代宗师的地位，还使得该品牌成为了中国白酒的第一个奢侈品品牌。

【东方第一瓶】

1992年，泸州老窖推出1800元一瓶的天价白酒“东方第一瓶”，在白酒行业引起震动。

对饮酒之人负责到底

品牌之树难栽，长期细心呵护，方可枝繁叶茂，绿荫一片，若是破坏，顷刻便倒。品牌维护难，难于创品牌。

比如之前没有品过国窖1573酒，恰好不幸买到伪货，便把李鬼当李逵，认为其品质不佳，便再也与国窖1573酒无缘。假酒，不仅有损品牌形象，在泸州老窖人看来，好酒懂酒之人没有喝到他们精心酿制的美酒，才是莫大的遗憾，而且，假酒很可能伤身，对喝酒之人来说，也是一种伤害。

坚决打假，是泸州老窖人维护品牌，维护消费者权益的一项重措。泸州老窖酒厂有专门的打假体系，日常有工商和公安部门工作人员常驻泸州老窖办公，并获得公安部打假的异地管理权，可以跨区域执行打假任务。

酒没有保修期一说，绝大多数人除了需要辨别真伪外，很少会想到致电酒厂咨询，这个比例极低。但极低的比例也时有发生。我有一次在一个酒类连锁店，买到了一瓶进口葡萄酒，回来后发现，酒标上的标识出现了错误。秉着提醒商家的好意打了个电话过去，不料对方竟然恶语相向，我便再也不会光顾此店。泸州老窖酒厂，就是担心饮酒之人有了疑惑得不到及时的反馈，而失去对于泸州老窖酒的信任，这份信任就是品牌维护的基础。

某年冬天，河北保定的一位消费者打电话给泸州老窖的售后服务部，说他买的国窖1573酒有问题，怀疑是假酒！售后服务部立即联系在河北保定的销售人员，一个多小时后，销售人员赶到了该消费者的住处，经过询问才得知，原来所谓的酒质问题，只是因为当时天气温度太低，国窖1573酒的酒花经久不散而已。

其实，酒花散得越慢，反而说明酒的品质越好。只是这位消费者没有见过如此缓慢消散的酒花，以为是有什么问题罢了。经过销售人员耐心的解释，这位消费者终于知道了其中的缘故。问题虽然解决了，但是销售人员为了感谢他对国窖1573的支持，特地又送了一瓶酒给他。

这样的事情，售后服务部几乎每天都会遇到。因为饮酒是主观感觉，所以饮酒时的气温、气氛、配菜的差异和当时饮酒人的心情等，都会影响品酒的感受。遇到诸如此类的问题，消费者有时会误以为国窖1573的酒品质出现了偏差，便会致电售后服务部。每每此时，售后服务部就会立刻与消费者同城的泸州老窖销售人员联系，尽快登

门拜访，进行一对一的解释和处理。

在泸州老窖人看来，消费者选择了国窖1573酒，就是对这个品牌的最大认可，要感谢他们，由衷地感激他们，哪怕消费者买到的是假酒，也要及时澄清，对消费者负责，维护品牌形象，最重要的是，还能通过这种方式，及时追溯假货的来源，保护更多人的利益。

而作为消费者，自然也不希望买来的酒是冒牌货。而辨别其真假的最简单方法，就是按照酒瓶上的服务电话，打去验证一番。除了能放心品到美酒，还可以顺便同客服人员咨询探讨一下此酒的妙处，何乐而不为呢？

十年磨一剑的辉煌

2009年4月17日至19日，博鳌亚洲论坛在中国海南隆重召开。泸州老窖受邀出席此次亚洲经济盛会，并正式成为论坛100多名会员企业之一，进入泸州老窖展望白酒新经济、迈向国际平台的又一发展时代。19日上午，泸州老窖董事长谢明将公司2009年又一酿制杰作国窖1573国礼酒敬献博鳌亚洲论坛，时任论坛理事长的拉莫斯先生和秘书长龙永图先生代表论坛组委会接受了这一来自中国酒城的至高礼遇和玉液佳酿。

2009年，国窖1573·国礼成为博鳌亚洲论坛的明星，时任论坛理事长的拉莫斯、秘书长龙永图等共品国礼。

2011年，诺贝尔经济学奖得主威廉姆森论道中国白酒金三角。

此时国窖1573不仅是重大国事上的厚礼，亦为高档商务宴请中频繁亮相的酒类主角，国窖1573的成功，看似得来全不费工夫，殊不知，泸州老窖人在打造国窖1573的背后曾付出了多大的艰辛与努力。

1996年，泸州老窖推出了与国宝窖池相辉映的“国宝酒”、“国窖酒”，鲜有人问津。

从1996年到2001年，长达5年的时间里，泸州老窖人并未有一丝的气馁与懈怠。从酿酒的环节上进行改进，还原古法，纯手工打制；酿酒大师倾力设计酒体，让酒的风格与风味更趋于完美，符合现代人的口感；从包装上入手，请专业的设计师赋予与美酒灵魂相匹配的外观；从品牌打造出发，宣传令泸州老窖人倍感自豪的国窖1573……

2001年，精心打造，包装一新的国窖1573酒问世了。

2006年，功夫不负有心人，国窖1573酒被大众所认可，销售业绩直线上升，毕竟好酒也需假以时日被人们所接纳。

有人曾说，国窖1573酒，只不过是泸州老窖特曲酒，换了个包装，换了个名称而已。殊不知，国窖1573酒，无论是酿造窖池，还是酒体设计，甚至是酒体风格，已然与泸州老窖特曲酒大相径庭。如果说泸州老窖特曲是泸州老窖的传统佳酿的话，那么无论稀缺度（百年的窖池）、精致度（酒体的风格），还是历经的磨难（在天然山洞的醇化时间，品牌打造的历程）……无一不证明国窖1573的珍贵和来之不易，是泸州老窖人的骄傲，也是专属品鉴懂酒之人的心头之好。

龙永图先生对于泸州老窖在品牌塑造、企业文化建设方面给予高度认同，特别对于国窖1573品牌给予了很高的评价和肯定，他说，中国必须、而且有条件打造出自己的世界级品牌，国窖1573要坚持走出去，要像威士忌、白兰地一样成为酒类奢侈品牌。

何为“奢侈品牌”？

纵观现有的国际顶级奢侈品牌，无论是汽车、手表、时装还是酒类，都有几个共同点，即：品质、品牌、价值、价格。

相比一般的消费品，奢侈品的品质卓越、富有艺术内涵、品牌历史悠久、价格不菲，成就了其独一无二的至尊地位。它并非人人都可以享用，而是一种尊贵奢华的品味。

国窖1573酒，既有传承了六百多年的酿酒技艺，也有来自国宝窖池中的精华，更有中国浓香型白酒始祖的地位，其品质不言而喻；自明朝万历元年始创的1573国宝

摄影◎木头

【国窖1573・世界品位】

窖池群，从未停息过酿造美酒，无论是明清的“舒聚源”，还是后来的“温永盛”，再到后来的泸州老窖酒厂，都传承着该品牌的内涵，世人有口皆碑，不可谓不久远；国窖1573酒，不仅是中国白酒业中的高端领导品牌，也代表着中国历史最悠久、最具文化积淀的诗酒文化，其价值贵在传统，也贵在珍惜；国窖1573的高端定制酒，纯手工打造，个性定制，还具有独一无二的特质，虽价格不菲，却一瓶难求无可替代。自2008年泸州老窖酒厂首次推出高端定制酒，当年的800坛一经面世，不到半年就销售一空。

世界顶级奢侈品牌中，宾利轿车创建于1920年；劳力士手表创建于1905年；香奈儿时装距今不过80多年；轩尼诗创建于1865年；路易威登创建于1854年……

中国作为一个历史悠久的国家，虽然在汽车、精工制造行业，比不上欧美发达国家，但是我们的白酒，浓香型典范的泸州老窖酒，有着令任何其他奢侈品牌都望尘莫及的悠久传承历史。

奢侈品，不是浪费，不是极尽奢华，而是人们对于珍惜、不可复制、精美的艺术品的一种自然而然的追求。

奢侈品，对于真正懂得享受的人来说，不是炫耀，不是暴富后追求的心理平衡，而是一种非常自我的感受。相对其他外在的用于包装自我的奢侈品，酒类奢侈品只有自己品尝到了，享受到了，才能尽显品味的低调“奢华”。千金难买心头好，对于爱酒，懂得品味好酒的人来说，遇上一瓶自己中意的好酒时的心情，往往不亚于中六合彩的兴奋。

国窖1573品牌的推出，是顺应了白酒市场的趋势，虽然价格不菲，但是物超所值。历史已成过往，而从1573国宝窖池群酿出的琼浆玉液中，确实有来自万历年间的窖池所遗传世代的优良微生物DNA。你喝到的上品泸型酒，每一滴中都有来自历史的积淀：物质的历史积淀中有老窖的窖泥、曲药的发酵、传统的工艺；人文的历史积淀中有传承了数百年的酒城文化，泸州的历史；精神的历史积淀中有糯红高粱耕种者不懈的努力，酿酒人世代相传酿造美酒的信仰……

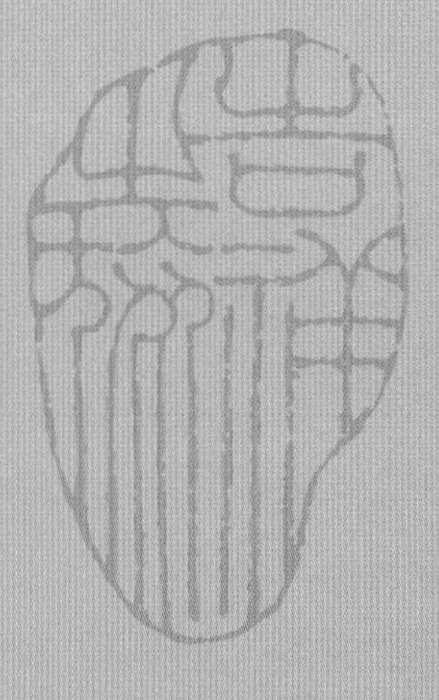

—第四章—

酒道 酒礼 酒文化

JIU DAO JIU LI JIU WEN HUA

※白酒与礼仪

浅酌一口

白酒的享用可以多样化，你既可以就着一碟花生米呷几口老白干，也可以在红白喜事或各种酒席上频频举杯；既可以纯饮，也可以用各种或常见、或珍稀的药材来泡制强身健体的药酒。甚至在一些时尚前沿的酒吧里，居然也能喝到以白酒作为基酒的色彩斑斓、口味纷呈的鸡尾酒。

但是，最纯粹的愉悦来自鉴赏高端白酒，如货真价实的茅台酒，或是上品的国窖1573，甚至更为珍稀的国窖1573定制酒。之所以品鉴能超越品尝这个等级，源于“尝”为纯粹的感官体验，而“鉴”是超越了感官的精神层面的一种体验。

比如一件美轮美奂的宋代汝窑天青瓷器，在平常人看来，单纯只是一种视觉上的享受——“美”，再有把玩在股掌间，感受到的瓷质的“温润”手感，至多还有就是对于其价格的猜想。而对于懂得鉴赏瓷器的人来说，美观与手感之外，还能看出当时烧制瓷器的技艺、时代精神赋予其的人文价值、历史价值。正所谓“行家一出手，就知有没有”，能品鉴出实物之外的内涵，方称其为“鉴”。

我们不妨看看品酒大师们是如何品鉴一款上品泸州老窖酒的吧：大师会小心翼翼地在小郁金香状的玻璃杯中，缓缓注入黏稠挂杯壁的白酒，只倒杯子三分之二或者更少的酒，让酒体在杯子中有足够的空间释放香气。接下来，他会两指夹杯，将杯子托到与眼睛持平的位置，细细欣赏挂杯的“酒泪”，继而把杯子放在距离鼻子几厘米的距离，闭上眼睛，轻轻吸入一口混合着酒香的空气，然后才把酒杯放在唇边，淡淡地浅尝一丝酒液，让酒通过嘴唇滑落在舌尖，在口腔内保持数秒……片刻，大师则能“鉴”出酒的“色、香、味”，以及酿制的方法乃至洞藏的时间。

时至今日仍有不少人对于优质白酒的享用还是有很多误区存在。以泸州老窖为代表的佳酿，不同于一般的烈酒或低度数的啤酒，它们是中华民族悠久历史的凝聚之物。如何善待它，如何品鉴它，是一种白酒酿造技艺之外的文明传承。

契诃夫曾经去过我国东北的一个小酒馆中，看到中国人喝酒的情况，他便在《萨哈林游记》中描述道：“他们一口一口地喝，每一次都端起酒杯，向同桌邻座的人说一声：‘请’，然后喝下去，真是很有礼的民族。”

相比豪放外向的欧美人在酒吧吧台上一杯一杯地猛灌啤酒或鸡尾酒，中国人习惯

國
1573
窖
会员专享

1573国宝窖池群酿造
Fermented in National Cellar 1573
國
1573
窖
会员专享
酒精度:60%vol
净含量:750mL
浓香型白酒
中国·泸州老窖股份有限公司
LUZHOU LAOJIAO CO., LTD. CHINA

【国窖1573会员专享】

摄影◎木头

【国窖1573·中国品味】

端着几钱的小杯子，用浅酌的方式品评白酒。还有喝白酒时的那种礼仪，正好是以中国文明为代表的东方文化的体现：含蓄、内敛、有礼有节。

过去的风雅

任何把国窖1573这类好酒当做买醉的工具大口猛灌，或是在酒席上强迫别人喝酒，或者逼着不喝酒的人硬着头皮灌酒，都是对他人的不尊重，也是对天地精华的暴殄，更是对中国文明的亵渎。

一般人不能做到大师级别的品鉴，但是品尝的过程应该是美妙的、令人舒展身心的愉悦。不妨借鉴一番古人的那份品酒的雅致。

古代的文人雅士，在品尝美酒的时候，要求颇多。首先要“饮人”，就是饮酒、品酒的人本身素质要高，豪爽、直率是前提，高雅之士为上上选。也就是喝酒的人的酒品要好，不可是借酒装疯，或是酒后滋事的烂酒鬼。

其次要“饮地”，就是品酒要选择一个风景绝佳的场地。比如桃花树下赏花以佐酒，竹林幽静处安静品酒，亭台楼阁上远眺风景以佐酒，微波荡漾处划船看流连景致以佐酒，名山大川以自然鬼斧神工造化佐酒等……此等美景才配得上美酒，还能开阔心胸，让品酒与自然融为一体，好不快哉！

再次要“饮候”，便是选择佳境之外的“良辰”，初春、晚秋，或是夏日的乘凉的夜晚，或是冬日里第一场积雪之后，人的心情随着气候的变化，选择饮酒来见证季节的更替，这也是一种体现自然的饮酒观。试想，夏日炎炎的正午，或是雷电交加的夜晚，人的心情自然不佳，如何能静下心来，品尝那壶中的风情呢？

再次要“饮趣”，“趣”便是乐趣，可以是吟诗作对，可以是行酒令，可以是弹奏乐器，无非都是为了给品酒增添烘托一种更为愉快的气氛。人在喝了酒，达到微醺的状态后，总是需要一种释放，好比酒后愿意去KTV吼上两嗓子的现代人一样，古人则用更为雅致的方式，宣泄酒后释放出的某种情绪。

古人还要讲究“饮禁”，不得强行劝人喝酒，不得喝酒以后滋事，扫了酒兴。

喝到微醺乃至大醉，立即倒头就睡，虽算是“文醉”，但在古人看来，还不够雅，便还有了“饮阑”，此为喝到意兴阑珊之时，或相约散步，或登高游玩，或偶尔小憩解酒等，其实也是一种醒酒的养生方式。

如此看来，我国古代的好酒之人，在饮酒时讲究颇多，比现如今某些高档场所内喝红葡萄酒的所谓情调，又高了不止几个层面。

雅士饮白酒，相比现代人喝洋酒，更多的是注重精神追求，是一种意境。

喝葡萄酒时，人们往往为那些仪式化的流程而着迷：酒刀上的不锈钢螺旋针，扎入橡木酒塞，酒塞被启出，陈酿的老酒会被倒入醒酒器中，然后再从醒酒器中倒入高脚水晶杯，不断地摇晃酒杯中的液体，让你仿佛能从仪式中找到所谓的情调。

然而，大多数不懂行的模仿者，并不知道酒刀的使用，也不知道醒酒的目的，更不了解摇晃酒杯中液体的原因。只是为了某种形式，认为只要这样做就高雅了，甚至忽略了拿高脚杯的正确方式。

而中国的白酒颜色是透明的，比不得红葡萄酒那种令人炫目的显得暧昧的颜色，甚至视觉上与白开水无异，让人觉得不“带劲儿”，略显寡淡；白酒的酒瓶设计也不会与葡萄酒、洋酒一样花样翻新，需要动用某种专业的工具来开启，更没听说过醒酒一说。一切都显得那么简单、平淡，毫无神秘感。再加上很多场合下，不正确的饮用白酒的方式：劝酒、干杯、猛灌……让大多数人对白酒，这种极具中国传统文化的佳酿，有一种“得来全不费工夫”，可以狂喝滥饮的错觉。

而在泸州当地，我们还有幸能见到相对“雅致”的饮用白酒的方式、方法。因为泸州是酒城，又是泸型酒的发源地，酒文化在这里由来已久，在这里随便一位稀松平常的老百姓，都可以算得是半个白酒专家。假酒、以次充优的白酒，这些在国内常见

【唐代家宴图】

的现象，在泸州自然没有市场。在席间，主人若是有好酒来分享，比如国窖1573，便会同客人讲一些关于这款老窖酒的历史或是逸闻。

客人如果识货，主人自不会提前开口，而是在凉菜刚刚端上桌子的时候，把一瓶酒，均匀地分在几个玻璃樽分酒器内，把分酒器放在每个在座的饮酒之人的面前，然后从分酒器里缓缓倒一杯酒。目测那个郁金香玻璃酒杯大概也就是30毫升的容量。酒香很快四溢，此时，客人若是由衷赞叹美酒的芬芳，主人便会像自家的孩子被人夸奖般，乐呵呵地举起面前的酒杯，说祝酒词……这第一杯酒，是在座饮酒之人必喝的。

此时，如果你担心之前的关于酒城之人的酒量的传闻，害怕被灌醉，那你就错了。第一杯开局之酒之后，便是自由喝酒的时间了。如果席间有知己，互相敬酒，别人自不会干涉，若是你不胜酒力，主人不会再用分酒器给你添酒。当然，你若喝得兴起，能于酒，于人，挥洒出几分豪情与诗意，保不准主人会当场与你邀约，下次还有好酒分享，前提自是你得好酒，懂酒。

如此一番比较而言，装模作样喝葡萄酒喝的是一种仪式，而懂酒爱酒之人喝白酒，则喝的是一种人与自然、人与人之间的感情。古人风雅，现如今我等不可追，而上品泸型酒依然是古风犹存，你若懂它，自能品出别样的风韵。

※好酒需善品

打开你的感官

人类的记忆存在于感官刺激中。学生时代，我们为了应试背诵的很多书本文字，随着年龄的增长，往往都“还给老师了”，而家乡菜的滋味，既可以撩拨起人们的乡愁，也能让我们回忆起很多往事；一种熟悉的香味，可以让我们思念某个曾经爱过的人；一段似曾相识的音乐，亦能让我们回到往昔……人的感官是有记忆的，而且比我们使劲用脑力去记，都来得牢固，且不知不觉。

遗憾的是，现代工业化工业制造的香味，在不断地“腐蚀”我们的感官，尤其是味蕾、嗅觉的灵敏度。相信绝大多数人，已经无法区分草莓味冰激凌与真草莓味道之间的差别，也很容易将芬达汽水中的甜橙味与天然橙子味划上等号。

其实很多会喝酒、会品酒的人，相对一般人更有着较为敏感的嗅觉与味觉。因为

这些人熟悉了自然的味道，进而对那些人工合成的浓郁直接的气息有了抵触。他们没有特异功能，只是因爱好或职业，形成了一种对于捕捉自然气息的习惯，你也可以做到。

不喝白酒，或者对白酒“无感”的人自是不理解“浓香型”、“酱香型”、“清香型”等对于白酒香味类型的描述，就算喝下了喉咙，也说不出个所以然，正如不喝葡萄酒的人，无法理解黑皮诺与西拉酿出的酒的味道的巨大差异；不懂品茶的人也说不出凤凰单枞与铁观音的香味风格；不懂咖啡的人，也品不出乞力马扎罗与蓝山的口味风格……

梨子到底是什么味道？与苹果有多大差异？你首先得吃梨子，然后也得吃过苹果，才能知道。经过实践，然后区分，就是对感官最好的锻炼。

品鉴白酒，不是品酒师的专属，平常人也可以做到。只不过品酒师需要更多专业的词汇去描述白酒对于自己感官的刺激，是专业的工作，也是对于品酒来说最为乏味的一种，因为他们享受不到喝酒的快乐。而平常人，如果能敏锐地捕捉到白酒的各种美妙，则为品酒增添不止一倍的乐趣。

喝白酒，只感觉到酒精带来的微醺，分不清好酒与劣质酒，只那么一喝，一醉，便是喝酒最“低级”的“一维”感受；喝白酒，能喝出白酒的风格，喝出好坏，算是比一般酒鬼有了“二维”的感受；能通过视觉、嗅觉、味蕾的综合感官，评鉴出白酒的风格，就算是品酒中值得推崇的“三维立体”的多重享受了；最后还能通过品鉴白酒，喝出人生的滋味，喝到“交心”的感觉，动情之时，或会心一笑，或潸然泪下，则为最高的境界，人与酒的沟通使然。

爱“她”，就给“她”郁金香

与酒沟通，类似与人沟通、与人交友。首先你得尊重酒。

比如对待上品的国窖1573，你若是随便一开瓶，倾倒在餐馆中常见的油腻腻的玻璃啤酒杯中，倒满了，还洒了一些出来……无法想象，这样的人能与酒沟通。这不是豪爽，不是不拘小节，是暴殄天物。

品鉴白酒的第一步，就是要为你的这个“朋友”——酒，备上一个合适的容器。别以为只有法国的红酒“挑剔”：要分波尔多杯、勃艮第杯、香槟杯……其实白酒也

需善待，只有杯子合适了，酒才能发挥正常，让接下来的品鉴过程变得美妙。

白酒的专业品酒师与酒体设计师们的工作台上，总是备有好几种杯型的玻璃杯。既有统一标准的郁金香杯，也有专门为闻酒香设计的敞口杯，还有专门为品尝浓郁酒味的敛口杯。而一般的人品酒，没必要那么复杂，你只需要一个杯口略窄，杯底有肚子的带脚的玻璃杯，也就是专业人士所称的“郁金香”杯即可。

酒杯的肚子略大，是为了给白酒一个“释放”自我的空间；酒杯的口略收敛，是为让白酒的香味聚合起来，不至于一下就挥发散逸了。高脚的原理与喝葡萄酒类似，你可以拿着酒杯脚，手的温度不至于影响酒体；最好是玻璃或者水晶质地的原因，则是让你更清楚地欣赏到白酒的酒体之美：清澈的酒液，欲语还休的酒泪。

这样一个郁金香白酒杯能拥有你期望的完美品质：它能最大限度地将白酒的香气捕捉、保留和收敛在酒杯之中，你也可以全面地品尝到白酒的“多维”感受。

观色、闻香，然后闭上眼睛

正如古人喝酒讲究“饮季”，品尝葡萄酒追求室温一样，鉴赏上品泸型酒也是需要一定的温度。温度太高，白酒中的香氛会释放太快，来不及等你捕捉到，就随温度挥发了；温度太低，酒体封闭，也不容易品尝到最佳的美味。更何况，夏日炎炎的正午，喝白酒的感受无异于“火上浇油”，身体也会产生不适。最好待到夕阳落山，暑气消散，纳凉时再品鉴，于人于酒，都为大善。

品鉴白酒的温度最好在20℃——25℃之间。比如泸州老窖酒厂的酒体设计大师

【白酒品鉴酒具】

们，如果要在夏天进行品酒，往往在上午9点左右开始，到上午11点之前就结束。一是为了品酒的最佳温度，二也是因为人的嗅觉味觉最灵敏的时间往往在上午的11点达到巅峰期，随后便开始衰退。

饱食与空腹，都是不利于品鉴白酒的。饱食后人的嗅觉与味觉都已经疲惫，而过于饥饿的状态下，饮用白酒对人的身体不好，容易伤肝。正常情况下，应选择一个舒适的温度，身体状况良好的情况下，再品这自然精华，便是一个既健康又愉快的过程。

品鉴过程也有讲究：先将白酒缓缓注入郁金香杯内，不要注满，最好注入酒杯的三分之一，或是三分之二处，端起酒杯，先别着急摇晃酒体，而是欣赏静态的透明酒液，在光线充足的时候，酒液虽然是透明无瑕的，但是也会折射出一种类似白瓷或玉器表面的温润感，这就是酒与一般白水之间的差别——质感。

现在你可以轻轻按照顺时针方向，摇一摇酒液，注意动作的幅度不要太大，以免将酒摇出酒杯，也不要一会逆时针摇，一会顺时针摇。等到静置后，你会看到酒液在郁金香杯壁上形成了一行一行的“酒泪”，与一般葡萄酒的酒泪不同，白酒的酒泪显得更黏稠，滑落的时间更缓慢。越是陈年的好酒，其酒液中富含的微量元素越多，滑落的时间越长，慢得好似油脂。

这时，如果你用食指蘸一点酒液，在食指和拇指间轻轻摩擦，能感受到此酒粘稠如丝绸的质感，令人称奇。

欣赏完了酒泪，再把酒杯置于鼻子下方1——3厘米处对酒吸气。因为白酒的度数较高，而上品好酒的香味很浓郁，如果像闻葡萄酒气味一般，直接把鼻腔伸到杯中，则会让人感到香味过于“冲”，所以要在距离酒杯一段距离的地方，透过空气稀释过的香味来闻白酒。正常情况下，好白酒的香味一般有着清新的粮食味，而我所喜欢的国窖1573酒的香味是一种接近于粮食精华的浓郁，令人感到甜美芬芳。这是因为国宝级老窖池酿造的缘故，使得窖香非常优雅，又因为洞藏陈酿了五年以上，所以陈香绵柔，让人回味无穷，而这也是其被称为浓香型白酒典型代表的原因之一。

无论你现在被酒香撩拨得如何迫切，想一吻美酒的“芳泽”，也要按捺一下，像对待娇羞的美女般，轻轻地，小口地，呷上一点酒液，然后闭上眼睛，感受酒液在唇齿间那种缓慢蒸发如鲜花徐徐绽放的感觉：只需一滴琼浆玉液，便可以从唇齿间“咻”地一下，延展开来，在舌头的表面展开一层薄薄的锦缎，又像无数个精灵的小手在轻轻地触摸着你的味蕾，各种香甜的滋味伴随着稍许的刺激，让你口舌生津。根

摄影◎余雷

【国窖1573・世界品位】

本不需要吞咽的动作，好酒自会滑落到喉咙，余香升腾在口腔，又窜到了鼻腔……

整个过程妙不可言，好比忘情的一吻，让人久久回味，但接吻的时候，你一定要闭上眼睛，只有排除了视觉的干扰，你的嗅觉和味觉才能如此敏锐。

生活的品质，不在于你拥有何种外在的物质，而在于你能感受到的美妙。一壶茶、一杯酒，清风明月不值钱，得闲心情难复来。真正懂得生活，追求生活品质真谛的人，才会如此善待上品泸型酒，也只有“有识之士”，才能通过正确的方法，品鉴到老窖酒的美、老窖酒的醇。

辨识佳酿

绝大部分不喜饮白酒的人，是源于喝到过劣质的白酒，有了糟糕的第一感觉：燥辣、生烈、上头、呕吐，便把“李鬼”当成了“李逵”。

辨别劣质白酒与陈酿佳酿，使白酒这种传统文化精髓得到传承和发扬，是势在必为之事。世间真、善、美是存在必然联系的。天然的佳酿首先是源于自然的“真”：粮食的精华、曲药的微生物、窖池的生香、泉水的滋养、山洞的陈化；佳酿一定是“美”：酒体美，酒色美，酒香醇，酒味浓；饮后方才对身体健康大“善”：不燥辣，不猛烈，不上头，不伤身。

“真”有缺陷，“真”有神韵。

鉴赏书画真伪，最主要的辨识就是“真”，制造赝品的工匠的技艺可以以假乱真，但是真品的运笔是了然心中的一种气势，偶有“断笔”之处，是无心为之，虽为缺憾，却是浑然天成，再难复制。因此赝品再精美，也少了那股连续的气势，全无神韵；货真价实的钻石、水晶，在显微镜下分子的排列是不规则的，看似不完美，却成就了真实，而人工制造的钻石、水晶，其分子排列规整无比，却为假，而非真。

所有类型的美酒佳酿也是真，因为它有缺憾。比如每年出产的国窖1573，根据年份的气候差异，使用的窖池年份不同，窖藏时间有长短，甚至是酒体设计大师个人的艺术灵感有别，都会产生细微偏差。所以不同的定制酒，每一坛都不会完全相同。也正因有了差别，方才如同艺术品一般值得赏味珍藏。

酒与人一样，是天生有缺憾的，正是因为这份缺憾，才成就了泸州老窖酒最真实的一面：源自自然，富有神韵，不可复制。

美有变化，美有自然。

如果你能从嗅觉上辨别高档香水与劣质香水的气味差别，你一样可以辨识出杯中之物的香味是源于自然还是来自人工化合。好的香水，是用天然精油与酒精这种有机溶剂调配出的，精油的提炼过程非常复杂，损耗颇高，所以制作出的香水价格不菲，也正是因为精油源自自然，所以用其制作的香味气味是天然的，令人感到愉快的，而且会有前调、中调、后调变化。然而，人工化合物简单勾兑的劣质香水，往往香得浓烈刺鼻且缺少变化，让人感到“头闷”，是不愉悦的。

同理，上好的白酒有一股源自窖泥和酯类的天然芬芳，闻起来，亦是由近及远，颇具变化的。比如国窖1573，初闻有一股粮食的香味，近闻则有优雅的窖香，接着细细一闻就有“甜”的感觉。而劣质的白酒，都有一种很“冲”、很“浓烈”，但是没有变化的“酒精味”，让人闻之就感到不悦。

善为健康。

其实人的身体，就是一个天然的“测试机器”，人体本能会对不好的物质产生抵抗。比如闻到不悦的气息会有呕吐的感觉，比如接触了某些化学物质皮肤会过敏，再比如误食了不洁的食物会腹泻……其实这些都是人体的天然排异反应，是对身体有好处的。所以当你喝了某些白酒，出现恶心、头痛等症状，基本可以判定此白酒非天然，有人工化合物的嫌疑，当然对酒精过敏的人除外。

少喝酒，喝好酒，是一种养生之道，但前提必须是好酒，是体现自然真善美的好酒。所以这第一步便是要学会辨识佳酿，为自己的健康负责。

介绍几个辨识白酒好坏的秘诀：

☆ 看酒花：随着造假技术的日趋“完美”，一般人很难再从外包装来判断一瓶白酒的真伪。这时候我们可以把装白酒的酒瓶倒过来，然后看酒液形成的“泡沫”状酒花。越好的白酒，酒花越是细小均匀不容易消散的，而且酒液会呈现出一种细微的粘稠状的感觉。相反，劣质的白酒的酒花，大而糙，且不宜持久。

☆ 看酒色：白酒是透明的，但是劣质白酒的加浆降度的工艺不完善，所以会出现杂质，或者酒体浑浊的现象。只有陈酿五年以上的白酒，才偶尔会有淡黄色的酒体，新的白酒应该是透明纯净的。

☆ 闻酒味：细腻绵长有变化的酒香为正常的自然白酒，越是高档的白酒，其香味越“温柔”，而劣质白酒的酒精味是极富“侵略性”的，会让鼻腔感到不适。

☆ 饮后感：品尝一口白酒，无论是何种香型的白酒，只要是好酒，都具有很好的质感，不过分刺激口腔味蕾，有回甘或是落口甜的感觉，下喉很柔顺，回味有香气。反之，刺激口腔，没有香甜感，下喉困难的白酒，基本都是劣质酒。同时，喝起来没有浓郁酒香、没有回味的白酒，也多属于加水过度的白酒，非好白酒。

收藏

白酒是中国独有的传统产品，承载着悠悠历史，源远流长。中国自古以来的酒文化也是中华文明不可割舍的一部分，白酒既是一种传统技艺的载体，也是一种精神文明的精髓。当红酒收藏从欧美国家成为一种时尚并影响到中国的时候，白酒作为中华文明的一部分却很长时间与收藏界无缘。随着中国经济的高速发展，带动了人们对于传统文化精神上的某种回归情愫，收藏界中开始有了白酒的一席之地。不少名酒生产厂家，也已经将目光放在了白酒收藏这个潜力巨大的市场上。以发展的眼光来看，白酒收藏有望继红酒收藏热之后，成为收藏市场的一个亮点，并持续升温。

从刚刚初现端倪的中国白酒拍卖和收藏情况来看，白酒具备了历史悠久、资源稀缺等特点，这也决定了白酒具有高贵价值，并且可升值的可能性；越陈酿越好，代表了白酒收藏投资的意义所在，再加上白酒作为烈酒比红酒更能长久保存不易变质等优

势，都使得白酒有希望成为收藏界的新宠。

正如不是所有的红酒都具有升值潜力，绝大多数作为餐酒的红酒仅仅是日常消耗的饮料一样，也不是所有的白酒都具有收藏价值。

一般情况下，白酒经过较长时间的存放，其酒质会变得温润醇厚，所以，很多人认为白酒越陈越好，越放越值钱，其实这并不全面。虽然白酒没有保质期，但是白酒在存放的过程中，酒体中的醇类会跟有机酸起化学反应，生成酯类物质，也就是“生香”。大多数酯类都具有特殊的香气，由于这种反应相当缓慢，所以新品白酒一般需要存放几年，甚至十年以上，才会具有陈酿的品质，变得格外香甜。但是根据质量守恒定律，这种反应并不会持续，酯化反应到了一定程度就会停止，如果继续存放，酒精的度数会降低，酒味会变淡，酒体的挥发也很严重。而且一般的中低端白酒，在生产时已经勾调了一定的增香剂，如果长时间存放，反而会让白酒变得苦涩难饮。

所以只有高端的精品白酒，才具有陈放和投资收藏的价值，一般的白酒应该趁“年轻”时饮用为佳。

如今，国窖1573、茅台、五粮液等高端白酒品牌，都纷纷推出了珍藏酒、年份酒、纪念酒等。特别是国窖1573，这个最早在白酒行业中推出了高端个性化定制概念的品牌，由于其品质高档，具备收藏价值，其价格逐年上涨。每年限量生产封藏的国窖1573定制酒，更是成为收藏界的新宠。而随着白酒收藏后期投资回报的日益丰富，目前不少藏家已经在各地市场开始收购国内外的名优酒，尤其是国内老牌名优白酒，从而刺激了酒类产品的投资收藏。

比如1996年生产的几种白酒，当时的售价在几十元到百元，而现在市场上的售价都接近了每瓶千元，而且这还不算是高端酒，其回报率已经远远超出了一般的理财产品。

从投资的角度来看，名优老牌、珍品乃至孤品白酒，因其高品质和稀缺性，决定其为升值潜力最大的首选品种。限量发行的珍藏酒，比如国窖1573·定制壹号，保值增值的机会就远远超出了其它投资品。除了高品质外，包装也是白酒收藏的重要因素。收藏界的人士普遍认为，随着生活水平的提高，投资品种多元化，肯定有越来越多的人加入白酒收藏者的行列。而且，对于真正懂酒的人来说，就算自己收藏的酒，不用于拍卖，选择在人生的重大时刻自己饮用，也是物尽其用，毫不浪费。

摄影©木头

【国窖1573・定制壹号】

※白酒养生

白酒的营养成分

曾看过一档节目，节目中的“专家”侃侃而谈，说白酒只是乙醇和水的结合体，作用仅仅只能给人体提供热量，除此之外再无别的营养。我想，大概这位“专家”只喝过几十元的劣质酒，所以才有如此片面狭隘的论调吧。

既然要喝，自然是纯粮佳酿才对。而这种上品白酒在发酵的过程中，吸收了来自曲药和窖泥中的一些有益于人体的微生物代谢产物如乙酸、己酸乙酯、乳酸、乙酸乙酯、丁酸乙酯、乳酸乙酯、异戊醇等物质，这些都是有益于人体微循环的元素。而且，如今科技尚未完全探明白酒中的营养成分，微生物的神奇力量尚待我们进一步研究。但无论怎样，说白酒只能提供热量而毫无营养价值，显然是天大的笑话。

再说说乙醇，虽然它的功能仅仅在于提供热量，但酒精在被人体吸收后，刺激了人体的微血管扩张，体表大量散热。于是人在喝了白酒后会感到发热，此时人体消耗的并非酒精，而是体内的葡萄糖。之所以会在喝白酒后感到“饥饿”，也是因为白酒内的酒精加速了人体的代谢循环，消耗掉了更多的卡路里。这种循环的加速不仅有助于新陈代谢，更有减肥健体的功效。

当然，前提是不要饮酒过量。

【高粱抽穗时】

白酒的保健功能

从食用意义上说，白酒既是一种调味品，也是一种养料，每克酒精在人体内燃烧完全氧化后，能产生热量7.1千卡，这比同质量的淀粉或葡萄糖的热量要高出近一倍。

传统的中医理论认为，白酒具有活血通脉、助药力、增进食欲、消除疲劳以御寒提神的功效。适量少饮白酒，不仅能起到暖胃、帮助消化的作用，还可以有助于睡眠。比如中医的很多药方中会以白酒或黄酒作为药引，我们用于解暑的常备药品藿香正气水中就有酒精。中医用白酒治疗疾病或作为强肾补剂（虎骨酒、虎鞭酒等）已有很久的历史，西医也经常劝告感冒的人饮些白兰地，还用烈酒外涂，以起到杀菌消毒的作用。

酒是粮食精，越喝越年轻

中国人办事都讲究一个分寸，这恰恰符合了自然的法则——凡事都要做得恰到好处，多一分，好的也变成坏的了。为人如此，饮酒亦然。适当饮酒对人体有益，而过量饮酒就会适得其反。

酒可养生，这是为人所公认的。李时珍就曾说过：“酒，天之美禄也，面曲之酒，少饮则和血行气，壮神御寒，消愁遣兴。”酒可以给人提供热量，有舒筋活血的功效。但是上品好酒给人带来的益处，可远远不止这些。

酒是微生物的产物，是大自然赐予人类的礼物。其中玄妙之处，到今天为止，我们的科技尚未完全参透其中奥妙。单拿国窖1573来说，每一滴酒中含有的益生物质就有千余种，人类所能了解的，只是其中极少部分罢了。尽管更多的益生物质尚未被完全研究透彻，可它却实实在在地发挥着神奇的作用。

泸州老窖作为中国浓香型白酒的发源地，那里的人们天天闻着酒香，酿酒，喝酒，自然也有更多的关于白酒养生的真实感悟。其中作为泸州老窖专家之一的敖先生是生物学教授，在到泸州老窖工作之前是不爱喝酒的，尤其对白酒更是滴酒不沾，因为他对酒精过敏，偶尔喝一点，双手的手掌就会发红发烫甚至脱皮，惨不忍睹。但是后来因为工作关系，不得不喝泸州老窖酒，刚开始手掌还是会有过敏的症状，但不出数月，敖先生的双手蜕完了皮，手掌的皮肤宛若新生，从此便不再对白酒过敏了，令

他自己都倍感神奇。目前敖教授正致力于研究白酒中是否含有人体抗氧化所需的SOD的课题。

酒是心理医生

中国现代著名的书画家范曾先生说："唯有酒，人人得而饮之，潦倒困窘如孔乙己者，也能赊酒喝；淡泊寡欲如五柳先生者也'造饮辄尽，期在必醉'。于是对于酒，人人都有自己的价值标准，而酒对待人，则无尊卑贵贱，一视同仁，都竭尽它的本性，帮助你去做你想做的一切。有人说，酒是灵感的源泉、艺术的上帝，其实它何尝不是所有人的情人、仆役或帮凶、神灵或恶魔。"

想必好酒之人都很赞同那句"帮助你去做你想做的一切"。

可以说酒，对于文人来说，就是灵感的催化剂；对于英雄来说，就是豪情的还原剂；而对于你我普通人来说，就是一种情绪释放剂。

虽然中国的传统中医理论中，没有心理学这一概念，西方的心理学也从未提出"酒可以治疗抑郁症"。但古今中外，饮酒的民族中，喝酒丧命的有，而更多的善饮的民族，却是长寿居多。比如美国纽约的意大利人居住区内，那些意大利裔人比不得美国人讲究保健，既不去健身房跑步，也不戒烟戒酒，倒是经常聚在一起喝酒谈天，但他们却以长寿者居多，远远高于纽约人口的平均寿命；法国的南部，有很多葡萄酒庄园，那里生活的人们，终日以酿酒为生，也多有起床就饮酒、不醉不休的习惯，但葡萄酒庄园的庄主，多为长寿又健康的老者；泸州是酒城，世代在这里生活着的人们多有饮酒的习惯，经常从午饭开始就小酌几杯泸州老窖酒，到了傍晚更是无酒不欢，而泸州当地的百岁老人，在四川地区算是相对较多的。

喝酒本身也许只有舒筋活血的生理作用，但是饮酒后，尤其是饮好酒后人们的愉

【SOD】

超氧化歧化酶，又称过氧化物歧化酶。在临床上使用，可抑制心脑血管疾病，有抗衰老的作用。

【范曾】

字十翼，别署抱冲斋主。中国当代著名学者、书画家、诗人，1938年生，江苏南通人，现为南开大学历史学院博士生导师、文学院博士生导师、终身教授，中国艺术研究院研究员、博士生导师。

悦心情，可以说才是真正使得那些善饮的人相对其他不饮酒的人，更为长寿的秘诀。人终究活的是一股精气神，无论吃得如何好，锻炼得如何勤，最终心情好坏，才至关重要地影响着生命的质量。从精神层面上说，好酒，就是人类最好的心理医生。

试想，现代都市的工作生活，乏味而单调，人与人之间的沟通渠道虽便捷，但并不深入，多数人只有在饮酒后微醺的状态下，才难得打开心扉，卸下伪装，倾诉烦恼，纾解情怀。据说饮酒后，人与人之间的好感可以增加百分之三十以上，这个数据从何而来不可考，但是饮酒的人都有切身的经验，一杯好酒下肚，眼前的一切都会变得美好起来。对此，梁实秋先生的描述极惟妙惟肖：“酒实在是妙。几杯落肚之后就会觉得飘飘然、醺醺然。平素道貌岸然的人，也会绽出笑脸；一向沉闷寡言的人，也会议论风生。再灌下几杯之后，所有的苦闷烦恼全都忘了，酒酣耳热，只觉得意气飞扬，不可一世……”

虽不提倡借酒消愁，但是与其让万般苦恼“才下眉头却上心头”地堵在胸口，无处诉说，不妨约三两知己，一起品尝国窖1573酒。如果酱香型的茅台是一个汉子，清香型的汾酒是一位少女，那么浓香型的白酒则为风姿绰约的美妇，她温柔、成熟，还透着源自百年造化的灵气，会让你在她吐气如兰的芬芳中，松弛下来，舒展眉头，或与友人忆往昔而欷歔不已，或动情之时潸然泪下，或情不自禁开怀大笑……微醺中释放所有的愁苦，就算醉倒，醒来则觉得神清气爽，一切的不快都已过去！

白酒的正确饮法

☆ 慢饮，小酌，最健康。饮用白酒切忌大杯、大口灌，尤其对于佳酿来说，这种方式既尝不到白酒芬芳馥郁的滋味，也会瞬间加重身体对于酒精的负担，很伤身。白酒不是啤酒、黄酒、葡萄酒，最好每次饮用不超过100克，也就是2两。

☆ 空腹饮酒使不得。白酒的酒精度数较高，空腹饮用会破坏身体的黏膜组织，比

【梁实秋】

中国著名的散文家、学者、文学批评家、翻译家，国内第一个研究莎士比亚的权威，曾与鲁迅等左翼作家笔战不断。一生给中国文坛留下了两千多万字的文学创作，其散文集创造了中国现代散文著作出版的最高纪录。代表作散文集《雅舍小品》、《英国文学史》、译著《莎士比亚全集》。

摄影◎胡大田

如引起胃酸过多等症状，而且易醉。最好边吃东西边饮白酒，这样不仅帮助消化，也不会对身体造成伤害。

☆ 混饮最易醉。各种酒类的成分、酒精含量不同，互相混杂，会起化学变化，使人饮后不舒适，甚至头痛、易醉。而且好的白酒，滋味需要单独来品，方能尝出美妙，混合其他酒类，无异于破坏味蕾对于白酒芬芳的感知力。

☆ 冬季可温酒。冬天喝冷酒对身体不好，可以把盛着白酒的酒瓶放在温热的水里温一下。白酒加热后，既芳香适口，又可以挥发掉一些沸点低的醛类有害物质，减少有害成分，当然这针对的是一般中低端白酒。如果你要小品高端白酒，最好别让温度毁了它的味道层次。

☆ 酒后忌立刻洗澡、游泳。人在饮用白酒后，体内的葡萄糖会大量被消耗，此时如果洗澡、游泳，或进行其他大活动量的体力活动，会加速体内血糖的减少，体温急剧下降，引起身体不适。此外，泡热水澡的时候，也最好不要饮用白酒等烈酒，会对心脏造成较大负荷，对人体不宜。

※味蕾的伴侣

古人的佐酒餐

美酒配佳肴，天造地设。

古时的贵族最会享受，《金瓶梅》不仅写男女，也写饮食饮酒。饮食男女，人之大欲焉。其中第三十四回便道：“先放了四碟菜果，然后又放了四碟案鲜：红邓邓的泰州鸭蛋，曲弯弯的黄瓜拌辽东大虾，香喷喷的油碟烧骨，秃肥肥干蒸的劈晒鸡。第二道，又是四碗呷饭：一瓯儿滤蒸的烧鸭，一瓯儿白煠猪肉，一瓯儿爆炒的腰子。然后才是里外青花白地瓷盘，盛着一盘红馥馥柳蒸的糟鲥鱼，馨香美味，入口而化，骨刺皆香。西门庆将小金菊花杯斟荷花酒，陪伯爵吃。”

一桌子琳琅满目的精心烹制的鸡鸭鱼肉，虽丰盛得让人流口水，但是未免稍显得油腻了些，于是“小金菊花杯”斟着的“荷花酒”为大鱼大肉的不二绝配。用小杯子

盛酒，想必应该是高度数的白酒，白酒中又有荷花的清香，不但解油腻，还丰富了口感，夹一筷子入口而化的鱼肉，再呷一口美酒，这种逍遥惬意的生活，真是人人得而羡之。

无酒不成席，白酒可以给丰腴的菜肴解腻，帮助消化，佳肴又可以佐酒，不至于饮寡酒显得寂寥。喝酒的人都是要有下酒菜的，哪怕赶不上《红楼梦》中大观园里那般奢靡，比不上西门大官人那种腐败，市井的街边一杯老酒、一碟花生米的身影，也是在泸州，在四川，乃至全国常见的一“酒景”。

是佳肴成就了美酒，还是美酒烘托了佳肴，都已不重要，两者相辅相成了千百年，成全了所有好酒之人的口腹之欲，也滋养了这一方水土的文化。

中国古代的帝王极尽美酒的享受，有时候，只有佳肴相伴，还不够。

隋炀帝算是暴君，但其夜饮，却很雅趣，他会叫侍从捉萤火虫数斛，倾倒在酒宴的花园里，萤火虫散落在树丛花草上，迟迟不会离去。此时，隋炀帝便与饮酒者们，一起席地而坐，“山无不灯，灯无不席”。在萤火虫的柔和的照耀下，那酒澄洁如玉，像镀了金箔般，折射出蜂蜜般的色泽，望之就已让人心醉。山珍海味吃得厌倦了，隋炀帝的下酒菜不要大鱼大肉，而以笋子、野菜、果蔬为多，而且酒器必须用珍藏的如美玉般的上品瓷器。

现代人也喜欢暧昧的灯光为酒色渲染气氛，但是再也没有人去捉萤火虫来照酒。时下的年轻人，多已不懂得如何品尝白酒的万般滋味，而是在酒吧里肆意灌下混合了各种饮料的洋酒，买醉，以为时尚风潮。

美食与美酒，是一个民族的文化载体，懂得如何享用美酒与美食的人，才是真正懂得生活的人，其生活才有品质可言。

【荷花酒】

唐代人会取大莲叶盛酒，然后将莲叶上的经脉刺通，利用天然的吸管来饮酒，这样酒里有荷香，称为“碧筒杯”。到了明代，有人写诗《荷花酒》：“共君曾到美人家，池有凉亭荷有花。折取碧筒一以酌，争如天上醉流霞。”

清代徐珂《清稗类钞》记载：“瀛台种荷万柄，青盘翠盖，一望无涯。孝钦后每令小阉采其蕊，加药料，制为佳酿，名莲花白，注于瓷器，上盖黄云缎袱，以赏亲信之臣。其味清醇，玉液琼浆，不能过也”。这里记载了荷花酒的制作方法。以荷花蕊佐以各种药材酿成，可能相当于竹叶青酒，但是荷花味。

近现代，北平京西海淀的莲花白，曾为白酒中的一绝。莲花白是清末名士宝竹坡发明的，宝氏夫妻效仿古时的“碧筒杯”喝酒，有天灵光一现，让中药铺按照各种药露（相当于蒸馏精油）的方法，用白酒把白莲花一齐蒸出露来喝，此露酒荷香沁沁，浓郁芬芳，能够让人神清气爽，曾盛极一时。

【竹林七贤饮乐图】

泸型酒与川菜

川菜麻辣，白酒辣喉，这都是长久以来的一种误解。

川菜细分为上河帮、下河帮、小河帮三大派系，当不同的川菜邂逅泸型酒，则会迸发出不一样的火花。

上河帮川菜，是走传统经典路线，菜式精致，味道温和鲜香，与“浓香爽口、柔和纯净”的浓香型曲酒，不谋而合，走的都是“温柔、细腻”的路线，这种餐酒搭配算是平衡感的最佳体现。

比如上河帮川菜中的经典——宫保鸡丁，捻一颗油亮亮，爆炒到位，稍糊而不焦，外酥里脆的花生，入口有微微麻辣的感觉，细细咀嚼中，酥脆甘美之余，却还有一丝鸡油的嫩滑，此时，轻呷一口泸型酒，浓香的粮食精华立刻在唇齿间化开，解了油腻，生津开胃，让人顿时觉得食指大动，忍不住再来一筷子滑嫩的鸡丁。精致传统的美味与经典传承的泸型酒，互相依托，让你不忍释箸，亦不想停杯……

麻辣鲜香，有滋有味。

相对于上河帮，下河帮的菜式，江湖气息浓郁，菜品量足，用料更是大胆，有着渝地的豪放风格。火锅的发源地正是在此。据说以前渝地的渔夫，在食料不充足的情况下，在江边的石头上支一口锅，顺手煮一些不值钱的动物内脏，加之各种极尽麻辣的作料以驱腥臭，亦以祛湿，于是逐渐演变成火锅。

【上河帮】

也称为“蓉派”，以成都和乐山菜为主。比较清淡，传统菜品较多。蓉派川菜讲求用料精细准确，严格以传统经典菜谱为准，其味温和，绵香悠长。通常颇具典故。其著名菜品有麻婆豆腐、回锅肉、宫保鸡丁、盐烧白、粉蒸肉、夫妻肺片、蚂蚁上树、灯影牛肉、蒜泥白肉、樟茶鸭子、白油豆腐、鱼香肉丝、泉水豆花、盐煎肉、干煸鳝片、东坡墨鱼、清蒸江团等。

【下河帮】

也叫“渝派”，以重庆和达州菜为主。渝派川菜大方粗犷，以花样翻新迅速、用料大胆、不拘泥于材料著称，俗称江湖菜。代表作有酸菜鱼、毛血旺、口水鸡、干菜炖烧系列（多以干豇豆为主）；水煮肉片和水煮鱼为代表的水煮系列；辣子鸡、辣子田螺和辣子肥肠为代表的辣子系列；泉水鸡、烧鸡公、芋儿鸡和啤酒鸭为代表的干烧系列；泡椒鸡杂、泡椒鱿鱼和泡椒兔为代表的泡椒系列；干锅排骨和香辣虾为代表的干锅系列等。

【小河帮】

盐帮菜，以自贡和内江菜为主。其特点是大气、怪异、高端。

现代人吃火锅，多数佐冰镇啤酒，以为火锅燥辣又滚烫，而冰镇的啤酒可以中和这种口感。殊不知牛油火锅中的牛油下肚，再来点冰镇啤酒的刺激，十之八九是要刺激肠胃，冷热交替，导致腹泻。中国文化博大精深，除了有阴阳调和之说以外，还有一招叫做“以毒攻毒”，火锅本就燥辣，若是再配点白酒，算是负负得正——炎热的夏季，渝人男性多裸着上身，围坐在热气蒸腾的火锅前，几片带着青花椒、蒜蓉的毛肚下喉，再酌一口老窖佳酿，此时，因为之前各种麻辣的刺激，人的味蕾已经几近疲惫，而白酒中的甘美则可尽显，出一身大汗，好不畅快！

小河帮川菜，走的是高端“别出心裁”之路，源于此菜多来自自贡、内江的盐商大户。既然是大户，南来北往，各式佳肴都已尝遍，遂有了不走寻常路的风格。小河帮川菜吃的是一个挖空心思的考究。若要吃出美味，吃出特别，配餐的酒，则最好不配味道过于浓郁的酒。在酒与菜的搭配中，有一个放之四海而皆准的原则：细腻的好酒不能配味道太重的菜，精致的清淡的菜肴不佐浓郁的酒。要分清楚主次，切不可让菜抢了好酒的戏，也不可让好酒夺了菜的味。国窖1573酒，有时候单独品咂便有无穷滋味，如若配餐，最好不要用太过于咸辣的菜肴；试试清淡的，还原食物本味的精烹佳肴，则会有惊喜。

摄影◎胡大田

※饮酒之“术”

喝酒，微醺最好，大醉无趣。

但是，人在江湖都有身不由己的时候。中国常年驻东欧的一位外交官曾自嘲自己的外交事务与喝酒脱不开干系。因为东欧人喜欢喝伏特加这样的烈酒，有时候酒桌上没有雅量，是谈不成事情的。于是这位外交官学聪明了，每次酒席还未开始推杯换盏，他就先找到桌子上用于涂抹在面包上食用的黄油，先吃上那么几大块黄油，让黄油把胃给“保护”起来，再喝酒。这样一不容易醉酒，二还不伤身，最后还通过大口喝酒，把事情给谈妥，真是一举多得的酒桌大智慧。

人的酒量，其实就是人体的肝脏对于酒精的代谢功能。这多半来自于遗传，也就是天赋，所谓后天锻炼酒量，纯属自我安慰的心理暗示作用。所以每个人应该很清楚自己的酒量，不要轻易跟肝脏过不去，那等于是与自己过不去。但时逢“凶险”酒局，我们还是可以跟那位外交官学习一下，争取不醉，不误事，不伤身。

★ 喝烈酒前，先吃油。可以吃一点黄油，或者几片肥肉。如果是食素者，喝酒之前可以先吃几块巧克力，或者先来一碗米饭、一个大饼，甚至是几片吐司。只要肠胃里有了东西，再喝酒，酒精的发散速度就会减慢，肝脏因为有了葡萄糖的参与，代谢酒精的速度就快了，自然不易醉。

★ 一杯酒，一杯水。很多人喝醉后就自行催吐，以为通过这种方式把酒排出去了，就不容易醉。岂不知这种非自然的方法对人的胃部伤害巨大，会造成胃溃疡，不如自行排解。喝酒以后多饮水，可以帮助酒精快速被代谢出体外，往往喝通了的人不易醉，也是这个道理。但最好不要混饮其他碳酸饮料，在没有白水、果汁的情况下，多喝一些饭桌上的汤品也是不错的选择。

★ 浓茶不解酒，酒后食甜品。酒精代谢的秘诀就在于肝脏，而喝浓茶、咖啡，会增加肝脏的负荷。对于肝脏来说，最好的“补品”就是甜食，或是一杯蜂蜜水、糖水，或是一个水果，甚至吃几块糖，都是保肝又解酒的好方法。至于市面上出售的所谓解酒的药，在没有医嘱的情况下，要尽量少服用，是药三分毒，不如了解了醉酒的原理，用自然的方法来缓解，把对身体的伤害降到最小。

【国窖1573・中国品味】

國窖
1573

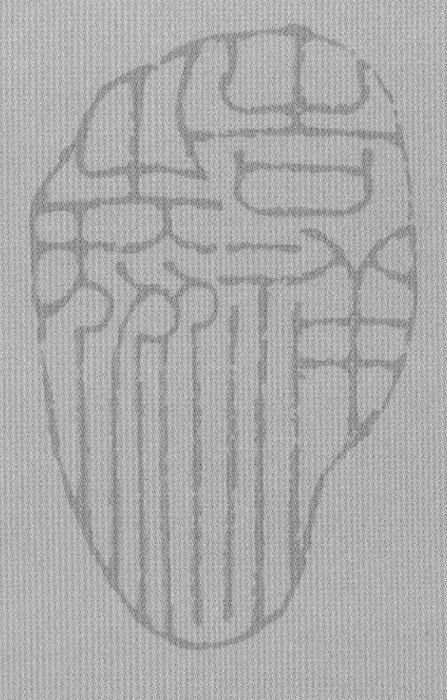

第五章

新时代的泸型酒

XIN SHI DAI DE LU XING JIU

鸡尾酒，就是一种以烈酒作为基酒，加上各种果汁混合出来的相对低度，口味甜美、颜色缤纷的酒精饮料。Cocktail就是鸡尾酒的英文名，虽然关于它的来源众说纷纭，但它一直深受接受不了高度数烈酒的女性的偏爱。一般情况下用作调配鸡尾酒基酒的烈酒是朗姆酒、金酒、龙舌兰、伏特加和威士忌等。

※中国版本的鸡尾酒

既然通常情况下作为鸡尾酒的基酒都是高度数的蒸馏烈酒，那么属于世界七大蒸馏酒之一的中国白酒，为什么不可以做基酒呢？

并不是白酒不可以做基酒，而是鸡尾酒的发源地在欧美，那里没有中国白酒。但是随着中西方文化的不断交融，渐渐地，以白酒做基酒的鸡尾酒在北上广一带的酒吧中悄然出现，并受到热捧。因为如果用中低端的白酒做基酒，比舶来之物的威士忌等，更便于就地取材，价格也更便宜。

正如在欧美人们不会用顶级的烈酒，比如路易十三白兰地，来调配鸡尾酒一样，高端的中国白酒也不适合调配鸡尾酒，因为这些顶级的美酒，本身就极具风格，滋味复杂，需要人们在单饮时细细咂摸其中的百般风味。如果调配了带有糖分的果汁，无论看起来多么的艳丽夺目，也是一种“破坏”酒体的行为。

【最普遍的关于鸡尾酒的传说】

鸡尾酒起源于1776年纽约州埃尔姆斯福一家用鸡尾羽毛作装饰的酒馆。一天当这家酒馆各种酒都快卖完的时候，一些军官走进来要买酒喝。一位叫贝特西·弗拉纳根的女侍者，便把所有剩酒统统倒在一个大容器里，并随手从一只大公鸡身上拔了一根毛把酒搅匀端出来奉客。军官们看看这酒的成色，品不出是什么酒的味道，就问贝特西，贝特西随口就答：“这是鸡尾酒！”一位军官听了这个词，高兴地举杯祝酒，还喊了一声：“鸡尾酒万岁!”从此便有了“鸡尾酒”之名。这是在美洲被认可的鸡尾酒名称的起源。

【世界七大蒸馏酒】

法国白兰地、英国威士忌、荷兰金酒（杜松子酒）、古巴朗姆酒、墨西哥龙舌兰、俄罗斯伏特加、中国白酒。

【路易十三】

是法国人头马公司出品的世界顶级白兰地。

※新品泸型酒

纯饮上品泸型酒

不得不再次强调，顶级的好酒如国窖1573酒系列，其丰富的历史内涵和复杂馥郁的口感，决定了在品鉴其时，最好单饮。如果强行加入其他果汁或饮料，无异于暴发户在拉菲里兑雪碧喝。

真正的美酒，应该是“清水出芙蓉，天然去雕饰”的纯饮最佳。

冰饮风尚

白酒毕竟是烈酒，在烈日当头之时，很多人对它望而却步，而且随着人们生活水平的提高，人的口味越发变得柔雅。为此泸州老窖首创，提出国窖1573酒12℃冰饮风尚。

“12℃”是指“国窖1573”冰镇后能达到最佳口感时的温度；“冰饮”是指酒体在特制的冰桶内冰镇后饮用。这是泸州老窖公司7位国家级酿酒大师经过对国窖1573数年潜心调试、测试之后提出的一种全新品饮方式——“冰饮风尚”。

低温降度后，不仅口感非常好，在夏天饮用不刺喉，而且也更有益于身体健康。

摄影◎胡大田

摄影◎胡大田

加冰饮

我们经常从电影电视上看到欧美人喝威士忌的时候，会加大块的冰，其原理无非是酒中的芳香物质只溶解于酒精（酒精是有机溶剂），降温和加冰都是为了降低酒精的溶解度，以释放出更多的芳香物质。

中国的白酒亦可加冰饮用。

但是这不通行于所有的白酒。比如中低端白酒，本来就经过了加浆降度的工艺，已经被稀释过了，如果再加冰饮用，适得其反，酒体会显得寡淡。但是国窖1573浓度高，很黏稠，香味也很馥郁，如果在夏天饮用的时候，加些冰块，反而会起到很好的释放酒香作用。

加冰饮的技巧：你需要放弃传统的玻璃小酒杯，因为容积太小，不够冰块的位置。最好准备一个喝威士忌用的敞口大玻璃杯；要记得先往杯里面放冰块，冰块最好大一些，这样融化的速度较慢，不至于融化成水后稀释酒的味道，如果有条件的话，就要像喝茶需要先烫杯一样，先把杯子放入冰箱冷藏室内10——20分钟预先冰镇一下，然后将酒液缓缓地倒在冰块上，以不超过冰块的水平位置为宜。

如果冰块够大，杯子里的冰块慢慢融化，你也可以尽情享用好酒1——2个小时。

假使你有足够的时间，对品酒的要求颇高，在此不妨再介绍一种源自日本人饮用单麦芽威士忌的水割饮法（Mizumari）：

先将冰冻超过72小时的大块冰块，或者从大块冰上现用冰凿凿下的一块刚好能放入杯子大小的冰块，放入威士忌杯中，然后再倒入国窖1573酒和相当酒液两倍的纯净水，充分搅拌，最后缓缓享受。这是一种将视觉、触觉、听觉、嗅觉与味觉五种感官同时调动起来的品鉴方式——水割饮法中常用立体的不规则大冰块，在视觉上更独显自然鬼斧神工之美感，而倒入的酒液则会在光线的折射下透出水晶般的色泽与质感，呈现一种别样的风韵。

摇晃酒杯使得冰块在与杯壁的撞击中发出时而清脆、时而浑厚的声响，更彰显出国窖1573酒的粘稠如丝绸的动态之美；而在饮用的过程中，不时使用手指去触摸杯壁，冰凉的水珠让人从指间到心底都感受到沁人心脾，更不用说因为冰块徐徐融化对于酒口感的递进变化：从最初刚倒入酒液，冰块还没有融化时那股浓郁的白酒芬芳，到冰块缓缓融化时纯净水所烘托的袭人酒香，从馥郁，到平衡、柔和，慢慢释放，给

人带来更立体丰满的嗅觉与味觉，让你在独自品鉴国窖1573酒时，感悟到东方文化与酒之间的某种禅意。

各种白酒鸡尾酒

夏日海南

基酒：泸州老窖精品头曲30毫升

辅料：椰汁10毫升

调制方法：在摇酒器中放入3——5个冰块（视室温而定，天气炎热可略增冰块数量），将椰汁和白酒依次倒入，快速摇动10秒钟，然后将酒液滤入鸡尾酒杯内。

饮后心得：酒体的颜色很柔和，初闻有泸型酒的香味，静置片刻，椰汁的奶香味上来，酒精的气息完全被掩盖了，显得非常绵软，香甜。无论从颜色上，还是口感上，都与糯米酒有相似之处，唯一不同，便是没有糯米酒那么甜，余味有泸型酒的绵

摄影©Tapir

长，回味无穷，让人有在夏日海滩边的椰树树荫下慵懒打盹的感觉。迷迷糊糊中，似乎自己身处碧海蓝天边，透过墨镜，打量着景色，偷瞄身着各色比基尼泳装的美女……一杯简单的美酒，成就了一个闲适放松的午后。

问道英雄

基酒：泸州老窖精品头曲50毫升

辅料：竹叶青茶叶少许

调制方法：用温热开水沏茶，待茶水颜色有微微淡黄色，茶叶叶片还漂浮在水面上时，将酒液倒入茶水中。

饮后心得：淡淡的、若有若无的茶香，缓缓释放出如秋天落叶的干爽味道，茶水的颜色给原本透明的酒液增添了一抹淡金色，稍微升温的酒液变得更加醇厚适口。这是一款适合在冬季饮用的鸡尾酒，也是一款纯爷们儿的酒。

这款酒的灵感来源于我的几个热爱户外、登山的朋友。他们年近不惑，事业小成，有美眷娇妻，但每年的冬天，这几个老男孩总是“抛妻弃子”，相邀开着越野车，跑到四川附近的雪山上去露营，随身总会带上几瓶威士忌，外加一袋四川的竹叶青茶叶。到了晚上，他们便在篝火前，抓一撮茶叶烧水，然后兑在威士忌里，豪饮……在自然的怀抱中，寻找男人的本色，算是一种远离喧嚣的回归。

摄影©Tapir

少量的茶叶能给白酒增色添味，又不至于抢了酒的风头，还能通过淡茶水的稀释，降低酒的浓度，真是一个中西结合的绝妙混搭，于是我便尝试用白酒和竹叶青茶叶，进行调配，结果有了意想不到的惊喜：用青瓷小盏盛着“问道英雄”，一两片竹叶青茶叶旋飘在酒液上，宛如一叶扁舟，极富有水乡山水画的意境。摒弃了威士忌与常见的鸡尾酒杯，传统的青瓷小盏、碧绿的茶叶、醇香的泸型酒，共同演绎出了别样的中国风。

待放玫瑰

基酒：泸州老窖38° 精品头曲20毫升

辅料：干玫瑰花数朵，陈皮少许，糖浆5毫升

调制方法：先将干玫瑰泡入温水中，待水温下降，进冰箱冷冻数小时直至结冰。在杯中放入事先准备好的玫瑰花冰块，将白酒与糖浆、陈皮混合后，缓缓注入鸡尾酒杯。

饮后心得：闻起来，玫瑰花的味道并不明显，但是随着冰块的溶解，很快酒体的颜色有了一抹玫瑰花的淡粉色。因为酒精的有机溶剂，玫瑰花的香味也逐渐开始释放，此时再品尝，回味的玫瑰花香就非常美妙了。

之所以不选择直接用玫瑰花泡酒，是因为长时间经过酒精浸泡，玫瑰花中的草本物质渗透到酒中，酒的味道会变得苦涩。38° 的泸州老窖精品头曲相对柔和，在饮用的时候，丝丝的陈皮香气，很好地带出了玫瑰的味道，再加之陈皮具有成熟的果香，让这款酒成为一款非常适合女士饮用的花果香调的鸡尾酒，颜色上来说，几朵在冰块中悄然待放的玫瑰，也令视觉倍感浪漫。

摄影◎Tapir

柠檬炸弹

基酒：泸州老窖精品头曲30毫升

辅料：浓缩柠檬汁20毫升，冰块3块，1片鲜柠檬切片

调制方法：在摇酒器中放入冰块，再依次加入浓缩柠檬汁和白酒，充分混合后倒入鸡尾酒杯，再在杯壁上插上事先准备好的鲜柠檬切片做装饰。

饮后心得：这是我个人最喜欢、最常饮用的一款鸡尾酒，简单，美味，又好就地取材。如果你家中没有摇酒器，就直接在敞口玻璃杯中先放入冰块，再倒入浓缩柠檬汁，最后倒入适量的白酒，使之充分混合（用筷子，用勺子都随你）后，就可以享用这种冰凉适口、酸可提神的鸡尾酒了。

这款鸡尾酒，非常适合夏日午后犯困的时候，或是晚上在电视机前等球赛，有点瞌睡的时候，随便调配一下（你可以根据自己的口味，对基酒、浓缩柠檬汁或冰块的数量进行调整，毕竟自己喝就是要随自己的感觉），只需两分钟就可以搞定。因为又凉又酸，给人的口腔带来的是一种"唰"的一下的冲击感，柠檬的酸味会让你整个的口腔都有一种被刺激的、进而狂分泌唾液的感觉，大脑一下就被唤醒了，所以称之为"柠檬炸弹"。

我比较推荐偏向于"新的"的浓缩柠檬汁，酸度饱满，不至于太甜；备一瓶在家中，既可以调酒，也可以冲饮料。当然，如果你不喜欢柠檬的口感，那你完全有理由换成"橙汁炸弹"、"草莓炸弹"、"葡萄炸弹"等等，我也只是抛砖引玉，介绍一种最基本的调酒方式，最终好喝与否都在于自己的尝试。

血腥玛丽（Bloody Mary）

基酒：泸州老窖精品头曲60毫升

辅料：番茄汁160毫升，柠檬汁，食盐，白胡椒粉，辣椒酱少许，青柠檬片或芹菜杆1片（根）。

调制方法：将除了青柠檬片（芹菜杆）之外的材料混合碎冰后加入摇酒杯轻摇几下，然后缓缓倒入酒杯，用青柠檬片或芹菜杆做装饰。

饮后心得：在传统的鸡尾酒中，这是一款极具传奇色彩的酒品，据说该酒的名称Bloody Mary——血腥玛丽来自一位美艳无比却又凶残可怕的匈牙利伯爵夫人。伯爵夫人不知道中了哪门子邪，坚信长期饮用少女的鲜血，再用鲜血泡澡，就可以永葆青春

摄影◎Tapir

容貌，这兴许跟中国古代的皇帝相信长生不老的炼丹，或是李碧华小说《饺子》中的贵妇相信胎儿做的饺子可以延缓衰老类似吧。据说该伯爵夫人，因为长期内服加外用地使用鲜血，身上散发着驱之不散的血腥味，但是她毫不顾及，也不用香水遮盖，血腥的体味与美艳的容貌，成就了一段极为残忍的传说。

番茄汁的颜色确实与血液相似，血腥玛丽中加入的食盐和少量的胡椒等作料，也是从口感上模仿血的腥咸的口味。虽然传统的血腥玛丽为欧美的喜欢猎奇的年轻人所追捧，但是据我所知，国人里，少有能喝得惯这款血腥玛丽的。首先国人就很难接受咸味的番茄汁，再别提那些古怪的配料了……

不过，我想，随着电影《暮光之城》大热，某些新新人类不妨尝试一下国酒配制的血腥玛丽，感受一下吸血鬼的“美味”——原来血，也不是那么好喝的！

薄荷沁欢

基酒：泸州老窖38° 精品头曲40毫升

辅料：柠檬汁60毫升，糖浆20毫升，柠檬角1个，新鲜薄荷叶适量，方糖1块

调制方法：先把柠檬角、方糖、薄荷叶用碾压棒弄碎，与碎冰一起先放入酒杯中，再将白酒与柠檬汁和苏打水倒入，最后再用薄荷叶做装饰。

饮后心得：炎热的夏季，能看到碧绿的薄荷叶漂浮在冰块中，从视觉上就让人觉得降温不少。酸甜的口感与薄荷的清凉，再有糖浆的辅助，可以说基本喝不到白酒的燥辣，最多在下喉之后，有点醉意。这是一款很适合用来解暑的鸡尾酒，因为薄荷本身就具有驱热解湿的功效。不胜酒力的人，还可以适当多加冰块，减少白酒作为基酒的量。

摄影◎木头

【国窖1573·世界品位】

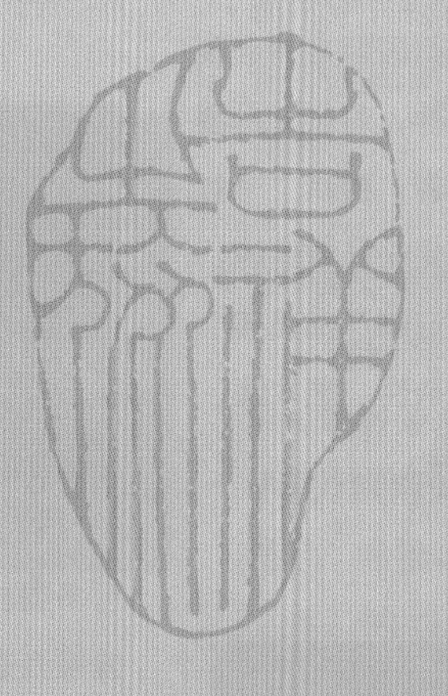

附 录

泸型酒品牌巡礼

LU XING JIU PIN PAI XUN LI

图书在版编目（CIP）数据

存真四百年 / 胡晓梅著. — 长沙：湖南文艺出版社, 2012.1
ISBN 978-7-5404-5238-4

Ⅰ. ①存… Ⅱ. ①胡… Ⅲ. ①白酒—酿酒工业—工业史—泸州市 Ⅳ. ① F426.82

中国版本图书馆 CIP 数据核字（2011）第 234444 号

上架建议：企业文化

存真四百年

著　　者：胡晓梅
出 版 人：刘清华
责任编辑：丁丽丹　刘诗哲
监　　制：刘　丹
特约策划：杨　辰　郑冰容
特约编辑：吉琴琴　张　兵　黄海涛
装帧设计：姚姚工作室　黄海涛
出版发行：湖南文艺出版社
（长沙市雨花区东二环一段 508 号　邮编：410014）
网　　址：www.hnwy.net
印　　刷：三河市华东印刷有限公司
开　　本：787mm×1092mm　1/16
字　　数：267 千
印　　张：16
版　　次：2012 年 1 月第 1 版
印　　次：2020 年 9 月第 2 次印刷
书　　号：ISBN 978-7-5404-5238-4
定　　价：78.00 元